Manfried Fischer

# Von der Front
## Betrachtungen eines Grenzgängers

Manfried Fischer

# Von der Front

## Betrachtungen eines Grenzgängers

Rediroma-Verlag

Bibliografische Information der Deutschen Nationalbibliothek:
Die Deutsche Nationalbibliothek verzeichnet diese Publikation in der Deutschen Nationalbibliografie; detaillierte bibliografische Daten sind im Internet über http://portal.dnb.de abrufbar.

ISBN 978-3-96103-545-8



Umschlagillustration: M. Fischer



www.rediroma-verlag.de
9,80 Euro (D)

**In memoriam**
***Für meine Freunde, die vorausgegangen sind:***

*Rudolf Pfahler*
*Ursel von der Malsburg*
*Heidi Gebhardt-Seele*
*Wilhelm Münscher*
*Sepp Schuster*
*Eberhard Sander*
*Siry Krieger*
*Rolf Heyne*
*Dietrich Loebell*
*Heidi Loebell*
*Marianne Fischer*
*Gerlinde Stejskal*

# Von der Front / Inhaltsverzeichnis

## Es wird langsam brenzlig

Hallo, liebe Leserin, lieber Leser!

Da bin ich also wieder. Noch einmal. Es scheint mir bestimmt zu sein, mein schriftstellerisches Dasein so zu beenden, wie es auch angefangen hat: mit Tagebüchern. Meine Leser werden sich erinnern: Das erste, was ich über den Beginn meines Erwachens zu Papier gebracht habe, waren Tagebücher über das, was ich meinen Eintritt ins Leben genannt habe, die beginnende Liebesbeziehung zu meiner späteren Lebensgefährtin Marianne. Handschriftlich und in Krokodilleder gebunden. In meinem letzten Buch *„Nanne. Die Königin von Saba. Eine Weise von Liebe und Tod“* habe ich versucht, nach ihrem Tod von diesen fünfundsechzig Jahren zu berichten, die uns geschenkt waren gemeinsam zu durchleben. Dazwischen liegen nun schon acht Bücher, die mehr oder minder nur von diesem Leben erzählen; dieses, das neunte, schreibe ich nun im Alter von knapp 85 Jahren, und da muß man wohl nicht erst lange erklären, was mit dem brenzlig in der Überschrift gemeint ist.

Du, lieber Leser, der Du also noch einmal ein Buch von mir in der Hand hältst, wirst Dir die Frage stellen: was kann denn jetzt noch kommen? Und vielleicht erinnerst Du Dich gar aus anderen Büchern an die obligaten Entschuldigungen Deines Autors, daß er - und vor allem: warum er – immer wieder dem Drang, der „eitlen Versuchung“, nachgegeben hat, seine mehr und mehr heranwachsenden Lebenserfahrungen „vorzuführen“. Um es ganz kurz zu machen: erstens und ganz banal: das Leben geht weiter. Und zweitens: es ist nach wie vor der Stoff, der sich fast von allein als abendfüllendes Bühnenstück anbietet, um dem Drang des Verfassers nach Entlastung vom Druck auf seiner Seele abzuhelfen. Daraus ist nun so eine Art Glasperlenspiel geworden: **das Spiel vom Blick über den Zaun**. Denn: wie Hamlet schon feststellte *„es ist was faul im Staate Dänemark“,* so kommt auch er immer wieder zu dem Ergebnis, daß mit unserem Leben im 21. Jahrhundert im so hochgelobten Westeuropa nicht alles zum Besten bestellt ist, und das läßt einen unverbesserlichen Verbesserer – richtiger: Möchtegern-Verbesserer – ausgesprochen schlecht schlafen! Das war schon bisher so, aber jetzt kommt eben noch dazu, daß dem Wunsch, sich auszudrücken, nicht mehr allzu lange Gelegenheit zu seiner Erfüllung gegeben sein dürfte.

Daß das Stück über Leben und Tod, das dabei herauskommt, sich wieder einmal als eine Art Panoptikum erweist, liegt in der Natur der Sache. Das Leben ist ein buntes Durcheinander, erstaunlicherweise auch für einen alten Opa, aber genau da liegt eben auch seine Würze. Womit die Frage schon beantwortet ist: was macht ein 85jähriger „Brandner

Kaspar“ eigentlich mit den dem Boandlkramer abgeluchsten Jahren? Nun, da sind wir ja schon mitten im ersten Akt der Dragö-/Komödie. Bleibt nur die Frage: Wo ist des Pudels Kern, wo ist der Sinn? Ich denke, die Antwort wird wie auf der Bühne erst einmal zurück zu stellen sein. Faust eins und zwei an einem Abend ist ja auch ein bißchen viel zugemutet, doch der Herr Intendant hat angerichtet und die Losung heißt:

*Greift nur hinein…..*

Alles Weitere wird sich fügen.

(Eigentlich soll man den Gaul ja nicht von hinten aufzäumen, aber inzwischen und speziell beim Theater gilt genau das als schick, jedenfalls als cool, was ja das ganze Jahr – und nicht nur im Sommer – die heute gesuchte Lebensform darstellt. Also fangen wir hinten an, mit einem eher komödiantischen Auftakt.)

## *Vorspiel:* Vom Brandner Kaspar

Der Brandner Kaspar – der Leser vermutet richtig, wenn er in dieser Figur seinen Autor erkennt – hatte erst vor wenigen Wochen einen Routine-Auftritt in der Herzchirurgie im Münchner Universitätsklinikum Großhadern. Wie wohl die meisten Menschen (speziell der männlichen Ausprägung) hält er es, was die Ordnung der gewichtigen Dinge im Leben angeht, mit der echt bayerischen Empfehlung: die Kirche von außen, die Wirtschaft von innen und das Krankenhaus gar nicht kennen lernen. Aber einen Akkumulatorenaustausch, wie das „auf medizinisch" heißt und am besten mit Batteriewechsel für den Herzschrittmacher übersetzt werden kann, das gehört zu den leichteren Übungen, so dachte er zumindest. Insofern empfahl sich für ihn als Patienten, sich in den bewährten Beobachterstatus zu begeben, um dann hinterher einigermaßen kompetent von der Front berichten zu können. Der Gedanke, dabei selbst auf der Strecke zu bleiben, ließ sich so am besten an das Unterbewußtsein zurück spielen.

„Doch mit des Geschickes Mächten", so klang es noch ganz von Fern in seinem Inneren nach, als er sich plötzlich und unerwartet dort wiederfand, wo es brenzlig wurde: die Eröffnung der ihn untersuchenden Menschen, mit Stethoskop und weißem Kittel als Ärzte ausgewiesen, daß die Restlaufzeit seiner alten Batterie ziemlich genau mit der Wartezeit auf seinen Operationstermin zusammenfalle, war ausgesprochen kontraproduktiv. Nur die Ruhe, ist ja alles Nervensache, aber es war gar nicht so leicht, die so schön ausgedachte Rolle des neutralen Beobachters weiter zu spielen. Zur Ablenkung in solchen Fällen hat er aber einen recht hübschen Trick auf Lager, der ihm schon öfter aus der Patsche geholfen hat: einfach den Blickwinkel ändern.

Also Szenenwechsel: Man sieht die endlosen Gänge des Krankenhauses, in denen ständig und kreuz und quer von blau bekittelten Männern die Patientenbetten herum geschoben werden. Bei flüchtiger Betrachtung denkt man wohl an Verwundete, die von der Front zurück gebracht wurden, um hinter den vordersten Linien behandelt und versorgt zu werden, wahrlich kein erfreuliches oder gar tröstliches Bild. Man kann es aber auch anders sehen, etwa mit den Augen von Theodor Storm in seinem Märchen „Der kleine Häwelmann“, das ich von Kindheit an sehr liebe.

Für viele Leser wird dieses Märchen unbekannt sein, besonders in bayerischen Landen, wo die Menschen keine richtige Ahnung von der See haben. Daß ich es als Abkömmling schwäbischer Eltern so ins Herz geschlossen hatte und es immer wieder als Gute-Nacht-Geschichte hören wollte, war wohl schon ein früher Fingerzeig auf meine angeborene Liebe zur See und auf ein Dasein, das sich später in jeder freien Minute am Wasser und auf dem Wasser abspielen sollte. Auf den eher abstoßenden, tristen Fluren der Klinik Großhadern, wo mir das Märchen ganz plötzlich wieder in den Sinn kam, wäre es auch einem Herrn Storm vermutlich auch nicht eingefallen, aber darin, so meine ich, liegt gerade der Reiz, das Dichterische: die Verwandlungsfähigkeit durch das Theater, oder die „Anverwandlung der Welt", wie es der Soziologe Hartmut Rosa nennt, von dem noch die Rede sein wird. So sei die Geschichte vom kleinen Häwelmann hier jedenfalls in Kürze nacherzählt.

*Häwelmann war ein kleiner Junge, der abends partout nicht einschlafen konnte oder wollte. Seine Mutter schob sein Bettchen in seinem Zimmer hin und her, aber Häwelmann schrie nur aus Leibeskräften: mehr, mehr! Das hörte auch der Mond, der zum Fenster herein lugte, lachte und sagte: „dann halt Dich mal schön fest. Du brauchst für unsere Fahrt durch die Nacht aber noch ein Segel! Strecke nur dein Bein ganz hoch in die Luft und binde daran dein Nachthemd fest. Dann wollen wir einmal sehen, wohin die Reise geht."*

*Das tat der Häwelmann. Und schon blies der Mond seine Backen auf, und Häwelmann segelte in seinem Bettchen zum Fenster hinaus und in den von Sternen übersäten Himmel. Häwelmann schrie vor Begeisterung „mehr, mehr" und konnte nicht genug bekommen von der wilden Fahrt. Und so sauste sein zum Segelboot gewordenes Bettchen mit ihm am Himmel hin und her, daß die Sterne vor Verwunderung noch stärker funkelten als gewöhnlich.*

*Doch langsam wurde der Mond immer müder und schwächer und verschwand schließlich im Meer. Und mit ihm stürzte auch der kleine Häwelmann in die nasse Flut. Darauf hatte aber Theodor Storm, der ganz überraschend plötzlich in seinem eigenen Märchen auftauchend mit seinem kleinen Sohn das Ganze von seinem Boot aus beobachtet hatte, nur gewartet, und so fuhr er zu der Absturzstelle und rettete den kleinen Häwelmann, der aber dennoch immer noch schrie: „mehr, mehr!"*

Es ist noch zu berichten, daß mir das Märchen erst sozusagen auf ärztliche Aufforderung im Zusammenhang mit den Fluren im Klinikum Großhadern wiedereingefallen war. Es war bei dem Batteriewechsel meines Schrittmachers vor zehn Jahren an gleicher Stelle, wo sich die Operateurin mit den OP-Schwestern , während ich nur örtlich betäubt schon auf dem Tisch lag, ungeniert über die Party unterhielt, auf der sie am Abend zuvor gewesen war. Und sie erzählte, daß dabei jeder der Teilnehmer aufgefordert war, ein Gedicht oder eine kleine Geschichte zum Besten zu geben. Lachend fragte mich die Frau Doktor, während mir jemand mit einem thermischen Messer die Brust aufschnitt und es ganz penetrant nach Grillabend zu riechen begann, ob ich auch etwas in dieser Richtung beitragen könne. Ich vermute, daß Dir, lieber Leser, diese kühne Wendung des Gesprächsverlaufs, wie mir seinerzeit auch, ziemlich unwahrscheinlich vorkommen wird. Zur Erhöhung der Glaubwürdigkeit meines Berichts kann ich aber noch nachtragen, daß mir mein Zimmerkollege am Abend zuvor schon von der „engelgleichen" Schönheit der Damen im OP-Bereich vorgeschwärmt hatte und ich also sozusagen schon auf „himmlisch" gestimmt war. Als ich dann am nächsten Morgen dort ankam, siegte wieder einmal meine Frechheit und ich gab meine hochfliegenden Erwartungen als Kompliment an die Damen weiter, die übrigens durchaus diese auch voll und ganz erfüllten. Allerdings wurde das reichlich obskure Gespräch dann doch von der rauhen Wirklichkeit beendet. Aber der Stachel, daß ich die Frage der Frau Doktor hatte offen lassen müssen, saß tief und ich schrieb einige Tage später, inzwischen wieder als geheilt entlassen, einen Brief an sie (der Name ist der Redaktion durchaus bekannt, soll aber aus Datenschutzgründen hier nicht erwähnt werden), in dem ich das Storm`sche Märchen erzählte und auf die mehr oder weniger vergnüglichen Parallelitäten zum täglichen Geschehen auf den Fluren der Klinik hinwies. *Auf Antwort wart ich*, wie Baron Ochs von Lerchenau aus dem Rosenkavalier, noch heute.

Zunächst aber noch ein paar Worte zu einem gehörigen Abschluß des Geschehens um den Titelgeber des Kapitels, den Brandner Kaspar. Es geht also um mein drittes Herz bzw. seine Batterie, und es ist höchste Zeit für den Austausch, denn die alte liegt sozusagen in den letzten Zügen. Zum ersten Mal wird mir so richtig bewußt, daß ich jetzt schon zwanzig Jahre nur dank der Hilfe des *pace makers* noch am Leben bin, denn mein Herz produziert keinen Eigenrhythmus mehr. Für einen kurzen Moment tauchte der verführerische Gedanke auf, die OP sausen zu lassen, dem einsam gewordenen Leben freiwillig ADE zu sagen. Doch die Götter haben auf andere Weise vorgebaut, wovon noch zu lesen sein wird.

Tatsächlich hat mich die von Franz von Kobell erfundene Geschichte von dem listigen Brandner Kaspar, der den Tod – in der Geschichte auf bayerisch Boandlkramer genannt – , welcher den himmlischen Auftrag hatte, den Kaspar zu holen, beim Kartenspiel und unter Einsatz von reichlich Kirschgeist „beschissen“ und eine weitere Lebensverlängerung für sich herausgeholt hatte, zwar amüsiert, aber doch ziemlich kalt gelassen. Eigentlich war sie für mich eher eine Zumutung auf Bauernbühnen-Ebene gewesen; wer die Verfilmung des Stoffes von Kurt Wilhelm gesehen hat, wird sich aber bestimmt mit Vergnügen an die köstliche Szene erinnern, wo der als Pförtner agierende Hl. Petrus das Bescheißen beim Kartenspiel als *keine Sünde* nach dem für Bayern geltenden himmlischen Sünden-

Kodex erklärt. Viel mehr aber war bei mir nicht hängengeblieben. Um so mehr war ich überrascht, als mir ein lieber Kollege, von dessen stupender Bildung ich überzeugt war, in einem vertraulichen Gespräch beim Wein verriet, daß man vor dem Tod keine Angst zu haben brauche, denn im Himmel gehe es ja recht locker und fidel zu, wie man ja vom Brandner Kaspar wisse. Bei meinem neuerlichen Auftritt in der Herzchirurgie hatte ich zunächst auch gar nicht an diese bayerische Burleske gedacht, wohl aber an das Märchen vom kleinen Häwelmann.

Diesmal gab es im OP kein himmlisches Personal; vom ausführenden Arzt wußte ich immerhin, daß er schon einige Jahre offenbar sehr erfolgreich den Akkumulatorenaustausch vollzog, und daß er Dr. Sardoni hieß. Der Name war immerhin ein Aufhänger, um die anonyme Atmosphäre im OP, die ja so gut wie keine Kommunikation zuläßt, etwas aufzulockern. So fragte ich den Herrn Hermann, der mir die Überwachungsgeräte anlegte – daß er Hermann hieße, hatte er mir immerhin verraten -, ob ich seinen Chef wohl fragen könne, ob sein Name etwas mit dem Ausdruck „*sardonisches Lachen*“ zu tun hätte. Er meinte, daß das vielleicht nicht so ganz ratsam sei, da es sich dabei doch um etwas Teuflisches oder mit der Hölle in Verbindung stehendes handele. Kaum aber war der Operateur da, erzählte ihm sein Adlatus brühwarm von meiner Frage, die zu stellen er mir doch gerade abgeraten hatte. Dr. Sardoni lachte aber und sagte, er habe das von draußen schon selbst gehört, ging aber nicht weiter darauf ein.

Der Rest war Routine. Allerdings hatte sich der alte Schrittmacher so sehr in meiner Brust verwachsen, daß die beiden Protagonisten alle Hände voll zu tun hatten, um ihn zu bergen – das mußte ja so vorsichtig geschehen, damit er solange in Funktion blieb, bis das neue Gerät angeschlossen war und nahtlos weitermachen konnte. Als Zuschauer einschlägiger Fernseh-Sendungen kannte ich auch die meisten Anweisungen des Operateurs an sein Personal schon, also Schere, Skalpell, Tupfer, auch Haken schien mir noch normal, bei „Kelle" allerdings streikte mein Vorstellungsvermögen. Und dann begann ein regelrechter Kampf, ein Zerren, Schieben und Drücken, bis das erlösende „ *wir haben ihn!" die letzte Runde in der Sportart Ringen, griechisch-römischer Stil, Bodenlage" beendete*. Wieder vorlaut wie immer bedankte ich mich hinterher bei den Ärzten, konnte mir aber die Bemerkung: *„das war ja ein ganz schönes Ringen, sie haben aber gewonnen, Gratulation!"* nicht verkneifen.

Als mir mein Arzt beim Verlassen der Klinik versicherte, daß mein Herz nun wieder zehn oder gar fünfzehn Jahre anstandslos funktionieren werde, fühlte ich mich daraufhin tatsächlich wie der Brandner Kaspar und zog mit deutlich übermütigen Gefühlen von dannen. Zuhause angekommen mußte erst einmal ein „Kersch“ her, der sonst nur für besondere Anlässe reserviert war. „Prost, Boandlkramer!“, sagte ich, fast mit etwas Mitleid für ihn.

*Ende des Vorspiels.*

Nach dieser etwas turbulenten Einleitung habe ich jetzt gar ein schlechtes Gewissen, Dich, lieber Leser, etwas hinters Licht geführt zu haben. Nun, das hat man von der angestrebten Coolness, wenn man von hinten anfängt und so seine wahren Absichten verschleiert. *Der Tod*, so lese ich soeben in einem Artikel in *Publik Forum*, in dem über die Bemühungen von zwei Ärztinnen in einer Hospizklinik referiert wird, den Tod zu enttabuisieren: *der Tod ist nicht lustig.* Nun will ich zwar nicht gerade das Gegenteil behaupten, aber ich meine, daß genau an der Stelle in unserer Gesellschaft eine beachtliche, ja beunruhigende Schieflage zu konstatieren ist, gegen die unbedingt etwas getan werden muß. Geht es doch um die einzige Sache, die mit unumstößlicher Sicherheit auf jeden von uns zukommt, auch wenn das Wann noch unbekannt ist. **Aber ich neide dem Tod seinen Triumph, das letzte Wort zu haben, und ein überlautes noch dazu.** Ich schreibe dieses Buch vor allem, weil ich versuchen möchte, das aus dem Lot geratene Ungleichgewicht wieder etwas gerade zu rücken. Es ist ja leider in unserer Werteskala so einiges ins Rutschen geraten, und ich fürchte, Manches ist schon unwiederbringlich verloren. Das gilt ganz besonders für unser Verhältnis zur Wahrheit (besonders seit das amerikanische Trumpeltier in einem Akt nationaler Selbstbefriedigung ganz ungeniert sein *„Amerika at first"* als neue Handlungsmaxime ausgegeben hat), aber auch für den Klimawandel und die Umweltzerstörung; alles Themen, bei denen ich wenig Chancen sehe, selbst viel zur Besserung beitragen zu können. Anders als beim Thema Tod, wo es nach meiner Überzeugung vorrangig um eine Frage der Einstellung – und zwar jedes Einzelnen, denn „Gesellschaft" besteht nun mal aus Einzelnen – geht, die mir noch am ehesten und leichtesten veränderbar erscheint. Wie ich ein halbes Glas Wasser sehen will, halbleer oder halbvoll, ist noch immer ganz allein meine Entscheidung. Und ich meine, so verhält es sich auch mit dem Tod. Seinen Stellenwert bestimme ich ebenso immer noch selbst, und ich bin nicht bereit, mich dabei von gesellschaftlichen Zwängen und überholten Gepflogenheiten einengen zu lassen. Das bin ich schon Viktor E. Frankl, dem Begründer der Logotherapie schuldig, den ich als so eine Art psychologischen Ziehvater verehre. Und genau das möchte ich, solange ich mich noch bei klarem Verstand fühle, zum Ausdruck bringen. Und außerdem empfinde ich das als eine Verpflichtung sozusagen als Gegengeschäft zu dem Geschenk, das ich mit der Aussicht auf ein kleines, wenn auch unbefristetes Weiterleben bekommen habe.

Wenn Du, lieber Leser, jetzt nicht, oder jetzt noch nicht in der Stimmung bist, Dich mit meinem Thema auseinander zu setzen, habe ich dafür viel Verständnis; ich habe das mehr oder minder lange ebenso gehandhabt. Dann stelle mein Büchlein mit den Beobachtungen und Betrachtungen von der Front einfach erst einmal ins Regal. Nach meinen Erfahrungen kommt es schon rechtzeitig wieder auf Dich zu, wenn sich in Deinem Unterbewußtsein ein Bedürfnis danach einstellt, oder auch, wenn „die Einschläge immer näher kommen" und Du einer Beschäftigung mit dem Tod kaum noch aus dem Weg gehen kannst.

Andererseits bemühe ich mich, trotz des unleugbaren Gewichts des Themas meinen gewohnten lockeren Schreibstil bei zu behalten, von dem ich überzeugt bin, daß er zur Entspannung einer schon so sehr verkrampften Beziehung beitragen kann. In dem oben angeführten Artikel stand auch zu lesen, daß nahezu 90 % der Befragten Humor als wichtigste Medizin in der letzten Lebensphase angegeben haben. Humor, so heißt es ja im Volksmund, ist, wenn man trotzdem lacht. So wünsche ich Dir also neben einiger „Erbauung" trotz aller Tristesse des Themas, um diesen etwas verstaubten Begriff zu bemühen, auch gute und leicht verdauliche

Unterhaltung, selbst wenn es um so sperrige Themen wie die Quantenphysik oder gar Quantenphilosophie, wie das heute da und dort auch zu Recht genannt wird, geht, damit aber eben auch ziemlich direkt um den wenig erfreulichen Komplex „Tod“.

## Von der Front

Das Stichwort Erbauung signalisiert mir, daß ich nun beinahe vergessen habe, auf einen ganz wesentlichen Punkt hinzuweisen: **die Bedeutung vom Tod und seiner Macht wird letztlich immer bestimmt von dem, was hinter ihm erwartet wird**. Damit ist natürlich ein ganz entscheidender Teil meiner Betrachtungen als „Grenzgänger" der Blick über den Zaun, über die Grenze hinweg ins Unbekannte. Umgangssprachlich geht es dabei um Religion. Ich halte diesen Begriff aber für zu abgegriffen, um ihn für diesen Teil meiner Betrachtungen zu verwenden. Wie meinen Lesern schon aus meinen letzten Büchern bekannt sein dürfte, sind in meinen Augen alle sogenannten „Glaubensrichtungen" in dem Gefecht um die „letzten Dinge" in erster Linie um die Erhaltung ihrer Macht bei ihren Anhängern bestrebt und gaukeln damit ein Wissen vor, das sie nicht haben, das auf Erden niemand hat. Ich ziehe es vor, den uralten Mythen, den Ahnungen von der Existenz des Göttlichen zu folgen, die übrigens sensationellerweise gerade eine starke Resonanz in den jüngsten Erkenntnissen der Physik finden. Dort ist heute ein weiter Blick über die Grenze ins Jenseits möglich, der die alte Frage, ob es überhaupt ein Jenseits gibt, auf Grund wissenschaftlicher Erkenntnisse als eindeutig geklärt hinter sich läßt. Nur ist leider auch hier die Lobby, die die alten und überholten Thesen verteidigt, so stark, daß das neue Wissen keine Chance bekommt, sich durchzusetzen. Und ein zweites Leider: unser altes Weltverständnis basiert auf der menschlichen Ausrüstung an Sinnen und Verstandeskräften, **Quantenphysik aber ist letztlich mit dieser Ausrüstung im Grunde unverstehbar – damit auch schwer akzeptierbar**. Ich weiß, daß ich mir damit selbst ein Eigentor schieße, aber ich glaube, es ist fair jetzt schon darauf hinzuweisen: die Schöpfung ist um so vieles größer als unser Begriffsvermögen, daß unser Bemühen, sie zu verstehen, salopp gesagt, schon eine Art Majestätsbeleidigung darstellt.

Um so spannender wird es werden, wenn der Tod einmal seine traurige Pflicht an uns verrichtet hat und sich die Tür für den Eintritt in ein neues Bewußtsein für uns öffnet, also dem Moment, wo sich Endlichkeit in Unendlichkeit weitet. Ich kann es mir nicht verkneifen, bei dieser Gelegenheit besonders auch auf die frappierende verbale Veränderung hinzuweisen, wo der sprachliche Stoßseufzer nach langem sehnsüchtigen Warten „na endlich" mit der kosmischen Wucht des Wortes „Unendlichkeit" den Platz tauscht.

Mit diesem programmatischen Ausblick kehre ich nun zurück zu der schon einmal ausgegebenen Losung aus des Altmeisters Vorspiel zum *Faust:*

Greift nur hinein ins volle Menschenleben!
Ein jeder lebt`s, nicht vielen ist`s bekannt,

und wo ihr`s packt, da ist`s interessant.

(Bevor Du, lieber Leser, nun das virtuelle Programmheft aus der Hand legst, um Dich den Vorgängen auf der Bühne des Lebens zu widmen, weise ich noch darauf hin, daß Dir im Verlauf immer wieder bekannte Zitate aus dem Wortschatz der deutschen Literatur begegnen werden. Das ist eine Marotte Deines Autors, auch Ausdruck meines Respekts vor den Weisheiten (und Formulierungen!) meiner literarischen „Altvorderen“, sie soll im vorliegenden Fall aber auch dem Einzelkämpfer, als den ich mich mit meiner selbstgewählten Aufgabe empfinde, ein wenig Schützenhilfe und Rückenstärkung bieten.)

## Was bedeutet „Front“?

Ich bin noch aus der Generation der Kriegskinder, Jahrgang 1934. Während des Krieges war der Begriff „Front“ jedermann geläufig und auch in jedermanns Munde. Das Bedrohliche in dem Begriff lauerte immer unausgesprochen bei jeder Erwähnung: Sie kommt näher.

Das war nicht immer so. Mein Vater beschreibt in seinen Erinnerungen aus dem ersten Weltkrieg das Leben an der Front, die er sowohl im Westen (Frankreichfeldzug) als auch in Rußland hautnah erlebt hat, mit ein paar eindringlichen, erschütternden Bildern. Als Feuerwerker war er dafür eingesetzt, die Befehle des Stabs an die Linie zu bringen, dort im Bedarfsfall ein paar Blindgänger zu entschärfen, danach zum Stab zurückzukehren, um auf weitere Aufträge zur Befehlsübermittlung zu warten. Und das häufig unter direktem Beschuß des Gegners, und dann alles zu Pferd. Ein Himmelfahrtskommando, was ihm auch absolut klar war. Die für sein Geschäft benötigten Zündkapseln trug er in seiner Brusttasche über dem Herzen, um bei einem Treffer auch gleich tot zu sein. Glücklicherweise wurde er nach zwei Jahren an der Front in die Heimat zurückberufen, weil er dort als Feuerwerker noch dringender bei der Munitionsherstellung benötigt wurde als im Feld. Für ihn brach damit für die nächsten beiden Jahre die beste Zeit seines Lebens aus, wie er selbst schrieb, weil er im Herbst 1916 seine sehnsüchtig auf ihn wartende Braut Johanna Hehn, heiraten und als Soldat ein fast bürgerliches Leben führen konnte. Eine Heimatfront, wie sie dann im zweiten Weltkrieg durch den zunehmend einsetzenden Luftkrieg entstand, kannte man damals ja praktisch noch nicht.

Der Begriff Front wurde als zunächst militärischer Herkunft entstammend wohl erst nach dem zweiten Weltkrieg zu einem Synonym für jede unmittelbare Bedrohung, nachdem die kriegerische Verwendung weitgehend entfallen war. Und diese unmittelbare Bedrohung war und ist für jedes Leben immer gegeben, sie beginnt mit der Geburt – genauer: mit der Zeugung - , und sie endet erst mit dem Tod als der definierten Endstation der irdischen Existenz. Für an ein Jenseits Glaubende geht es danach in einer anderen Welt weiter, doch das WO und WIE ist auch Ihnen unbekannt. Den Begriff „Front“ kennt aber meines Wissens die für die himmlischen, also jenseitigen Erwartungen existierende Nomenklatur der Gläubigen aller Couleur vermutlich nicht. (Wär ja auch noch schöner!)

Damit ist wohl klar: mein Frontbegriff deckt sich mit dem Vorhandensein einer an allen Orten und zu allen Zeiten bestehenden Bedrohung des Lebens, und zwar mit der Folge des endgültigen Endes unserer individuellen irdischen Existenz. Und da ich mit meiner Betrachtung als Grenzgänger auch erst einmal für mich selbst um Klärung ringe, gehört zu meinem Vorhaben nach bewährtem kaufmännischem Vorgehen erst einmal eine Art Bestandsaufnahme meines „einschlägigen Materials“, womit ich zunächst auch bei dem martialischen Sprachgebrauch bleibe.

## Meine bisherigen Erfahrungen mit der Front

*Einige Angaben zu meiner Legitimation*

*(Es ist praktisch nicht zu umgehen, daß ich nun, redundant für meine „alten Leser“, schon Bekanntes wiederhole. Soweit ich dabei auf schon Veröffentlichtes zurückgreife, werde ich das aber entsprechend kennzeichnen .)*

Mein Start ins Leben vollzog sich in einer recht zwiespältigen Gemengelage. Einerseits wurde ich 1934 in eine weitgehend noch nicht von Katastrophen-Szenarios belastete Phase der deutschen Geschichte hineingeboren. Meinen Eltern ging es wirtschaftlich sehr gut, mein Vater hatte erst vor Kurzem das Angebot seiner Firma angenommen, die Leitung des Verkaufshauses München zu übernehmen, womit seine Karriere einen unerwarteten Höhepunkt erreicht hatte und gleichzeitig auch der Wunsch, in München zu leben in Erfüllung gegangen war. Andererseits hatten sie den Zenit ihres Lebens nach der damaligen Vorstellung mit ihrem Alter von 42 Jahren überschritten, was bei meiner immer kränkelnden Mutter und nach dem Tod von zwei der drei von ihr geborenen Nachkömmlingen in frühem Kindesalter schon ein großes Risiko für einen letzten Versuch bedeutete, dem Vater den ersehnten Stammhalter zu gebären. Doch der gütige Gott erhörte ihr inbrünstiges Flehen, wie sie das so formuliert haben, und erfüllte ihren Wunsch: Hermann-Friedrich, wie sie mich nach den Vornamen von Vater und Großvater tauften, erblickte gesund und munter im Rotkreuz-Krankenhaus in München an einem strahlenden Spätsommertag am 18. September das Licht der Welt. Und er entwickelte sich nach Angaben der Eltern recht gut, einmal abgesehen von der verwirrenden Namensgebung. Da den vorgegebenen Doppelnamen in einer immer hektischeren Welt schon die nächste Umwelt nicht akzeptierte und deshalb zu allen möglichen Verkürzungen oder Verfremdungen griff (Bub, Stupsi, Mandi und ähnliches), verfügte meine Mutter als Neuschöpfung „Manfried“, also eine Zusammenziehung von Her**mann** und **Fried**rich. Der ist damit auch ganz zufrieden.

Der fünf Jahre später beginnende Zweite Weltkrieg mit dem bereits einige Tage zuvor eingegangenen Stellungsbefehl für meinen Vater setzte dem Glück ein jähes Ende, und die Front wurde erneut zur Realität, diesmal auch und in zunehmendem Umfang in Gestalt der „Heimatfront“. Daß die kahlschädelige Fratze des Todes aber gorgonenhafte Vielfalt aufweist, mögen die folgenden Zeilen dokumentieren.

Erwähnenswert scheint mir vorab die Tatsache zu sein, daß trotz der allgegenwärtigen Bedrohung Jedermanns durch den Tod dessen Faszination auf seine Klientel nicht abgenommen sondern eher zugenommen hat. Für uns Kinder war das sehr eindrucksvoll an unseren Spielgeräten abzulesen. Mit unseren Vätern verwandelten auch wir uns in Soldaten, in Kindersoldaten mit Stahlhelmen, Holzgewehren und sogar Gasmasken. Die bisher so friedlichen „Flöhe“ ( aus dem beliebten Spiel „Flohhüpfen“) in bunten Farben waren plötzlich zu Panzern, Kanonen und Bombern geworden, durch kurioserweise goldfarbenen Aufdruck auf der Vorder- und Rückseite der bunten Plastikplättchen. Brettspiele mutierten zu allen möglichen kriegerischen Variationen von Schlachten zu Wasser, zu Land und in der Luft. Als besonders zynisch habe ich in Erinnerung, daß sich Spiel und Realität gelegentlich überschnitten, denn wir Kinder verwendeten ein Landkarten-Tableau eines Luftkriegsspiels zum Mitziehen der im Radio durchgegebenen „echten“ Luftwarnungsmeldungen durch kleine, Jäger und Bomber darstellende, Holzattrappen. Im Spiel konnte man durch Würfeln auch bestimmen, welche Art von Bomben vom Himmel fielen; in der tödlichen Wirklichkeit besorgten das die Besatzungen der in den Luftraum eingedrungenen „fliegenden Festungen“, wie man die feindlichen Bomber auch nannte. Der damit einsetzende Schlachtenlärm war dann die höchst lebensechte letzte Warnung, so schnell wie möglich den eine trügerische Sicherheit verheißenden Luftschutzkeller aufzusuchen.

Diese schon der Schizophrenie zuzurechnende Lust an Gewalt und Zerstörung kann man genausogut heute daran festmachen, wenn man das abendliche Fernsehprogramm aufschlägt und das Angebot durchsieht, um zu erkennen, welche Vorlieben da dominieren, wo dann auch die höchsten Quoten erwartet werden können: Gewalt in jeder Form beherrscht das Geschehen. Ich gehöre zwar nicht zu den „Followern“ dieser Kategorie, aber ich nutze doch die Gelegenheit zu gestehen, daß mich alles, was an Material über Hexenverbrennungen zu bekommen war, schon in frühen Jahren in seinen Bann gezogen hat. Ich habe dafür nur die fragwürdige Erklärung, daß da Vorprägungen im Spiel sind, möglicherweise über genetische Vererbung oder gar als traumatische Erinnerungen aus früheren eigenen Leben, die ja angeblich von manchen selbsternannten Gurus nachgewiesen werden können. Dabei betrachte ich mich als ausgesprochen friedlichen und jede Form von Gewalt ablehnenden Menschen, der auch der sprichwörtlichen Fliege nichts zuleid tun kann. In Wahrheit freilich könnte man mich vermutlich allein in dem Berg von toten Wespen begraben, die ich im Lauf meines Lebens erschlagen oder ersäuft habe.

Tatsächlich kann ich selbst im innigsten Liebesakt einen kleinen Anteil von Gewaltbereitschaft nicht leugnen, was mich schon lange zu der Vermutung brachte, daß da alles ganz eng miteinander in Verbindung steht. Möglicherweise hat da auch Lilith, die erste Frau Adams, ihre Finger im Spiel, die zwar aus der Bibel herausgeflogen ist, in anderen Kosmologien aber noch immer einen beherrschen – und bösen - Einfluß auf die Geschicke der Menschheit ausübt.

Noch aber befinde ich mich in der Annäherungszone an meine vielfältigen Erlebnisse mit dem Tod, den man ja früher mit dem fast liebevollen Titel „Gevatter" ausgestattet und damit sozusagen in den menschlichen Bereich einverleibt hat, ihn damit allerdings auch über Gebühr aufgewertet hat. Ein Sturz des Titanen scheint mir also dringend erforderlich!

Mein erstes Erlebnis dieser Art, das ich nur als unmittelbaren und gezielten Anschlag auf mein Leben betrachten kann, habe ich im letzten Kriegsjahr mit großem Glück überstanden. Es ist in der Geschichte *„Indianer entkommt Hitlerjugend* im Buch *Laurentiustränen"* ausführlich beschrieben. Hier sei deshalb nur so viel gesagt, daß mich ein auf mich, der ich am Boden lag, niedersausender Baumstamm um Haaresbreite zermalmt hätte. Er hat mein Gesicht gestreift und böse mitgenommen, aber nur meinen linken Ellbogen für den Rest des Lebens ruiniert. Die Rekonstruktion mit Nadel, Zange und Silberdraht durch Professor Lange, der an sich schon genug damit zu tun hatte, die verletzten Frontsoldaten zusammen zu flicken, gelang so einigermaßen, führte mich allerdings noch tiefer in die Bredouille, da ich im Karolinum, einer Klinik im Zentrum von München einige Tage und Nächte verbringen mußte und dort meine schwersten Fliegerangriffe des Krieges durchzustehen hatte. Ich meine noch heute fast an den Ätherwolken zu ersticken, wenn ich daran denke, wie man bei einem Nachtangriff einige unmittelbar vom OP-Tisch kommende, noch narkotisierte Patienten als letzte in den Luftschutzkeller schob und in meiner Nähe abstellte. Am nächsten Tag wurde ich dann selbst operiert und, wie damals selbstverständlich, mit Äther betäubt. Dabei hatte ich das Gefühl, aus dem eigenen Körper herausgerissen zu werden und wie ein Luftballon zu explodieren. Äther habe ich deshalb in schlechtester Erinnerung; trotzdem wird er im weiteren Verlauf meiner Betrachtung noch eine größere Rolle spielen.

Noch im gleichen Jahr trat der Tod dann ein weiteres Mal in meinem unmittelbaren Umfeld in Aktion und diesmal gab es kein Entrinnen.

Es war im Hochsommer 1944, die Linden standen in voller Blüte, und ihr fast betäubender Duft wird für mich für immer ein Erkennungsmerkmal des Todes bleiben. Meine Mutter und ich verbrachten den Sommer am Wörthsee, Luftlinie knapp 30 km von München entfernt. Meine 14 Jahre ältere Schwester Anneliese lebte seit ihrer Hochzeit mit ihrem Mann Philipp Schiede in unserem Haus in München-Solln.

Wie so oft in diesen Tagen flogen nach entsprechender Luftwarnung Staffeln von geschätzt weit über hundert amerikanischen Bombern in wohlgeordneter Formation direkt hoch über den Wörthsee zum Angriff auf München. Da unser Häuschen an der Ostseite des Sees an einem Hang gebaut war, mußten wir die Treppen hinauf steigen, um von oben freie Sicht auf das zu erwartende grausige Spektakel zu haben. Zwar konnten wir bei der langen Distanz nichts davon sehen, aber die dröhnende Kakophonie des Luftgefechts in unseren Ohren gab schon genug schreckliche Signale von dem dort sich abspielenden Drama. Es war einer der schwersten Angriffe auf München und er wollte und wollte kein Ende nehmen. Endlich ebbte der Lärm ab und wir wollten gerade wieder unseren Beobachtungsort verlassen, da waren noch einmal ein- oder zwei Detonationen, und zwar deutlich aus einer etwas südlicheren Richtung als zuvor, zu hören. Meine Mutter griff sich sofort und sicher unwillkürlich ans Herz und sagte: „Oh Gott, das war in Solln“. Als noch am selben Abend der Briefträger vom Ort Steinebach den weiten Weg zu unseren Häuschen heraus geradelt kam, quittierte sie das Telegramm, das er noch gar nicht überreicht hatte, mit den Worten: „Ja, ich weiß schon, was drinsteht.“ Die Verbindung von Mutter und Kind auch über weite Distanzen ist ja eines der Phänomene, über die häufig berichtet wird, auch wenn die Wissenschaft dafür keine Erklärung hat. Doch inzwischen hat sich da Grundlegendes geändert, es gibt inzwischen eine Erklärung durch die sog. Quantenverschränkung, die freilich noch nicht bis zum Wissensstand der Allgemeinheit durchgedrungen ist. Doch bevor ich hierauf zu sprechen komme, will ich Dir, lieber Leser, einen kleinen Überblick über mein weiteres Programm geben.

Da ich meine Aufgabe auch darin sehe, als Chronist und Zeitzeuge von meinen Kriegserlebnissen zu berichten, will ich hier noch einmal das Ende des sogenannten tausendjährigen Reiches aus meiner Erinnerung schildern, obwohl das Geschehen schon an anderer Stelle von mir dokumentiert ist. Es ist, jedenfalls aus der Sicht des Todes, eine seiner bedeutendsten „Handlungsnachweise“ des letzten Jahrhunderts und kann schon deshalb nicht unter den Tisch fallen, schließlich gilt es ja die Erinnerung an die Schrecken des Krieges zur Abschreckung für die Nachwelt in unseren Landen wach zu halten; und das scheint dringlicher denn je.

Dazu kommen noch zwei Kapitel über Todesfälle in meiner unmittelbaren Umgebung, einmal von meiner Frau Marianne, zum anderen von einer guten Freundin und Mitseglerin Gerlinde. Im zweiten Teil gedenke ich kurz über die auf der „Habenseite“ stehenden schönen Erlebnisse meines Lebens zu berichten, um das irdische Spannungsfeld von Freud und Leid, jedenfalls soweit es mich betrifft, wenigstens mit groben Strichen zu skizzieren. Daraus mag sich dann eine, wenn auch sehr summarische Abschätzung der Bedingungen ergeben, die das Jenseits erfüllen sollte, wenn es gegen das Erbe seiner Klientel aus dem früher so bezeichneten Jammertal ankommen will, das inzwischen freilich von Vielen gar nicht mehr so „jämmerlich“ gesehen wird. Was brauchen wir denn, wo es uns doch so gut geht, überhaupt noch diese jenseitige Erlösung, so denken doch inzwischen so Manche!

Ein dritter Teil wird sich mit den Fakten und Hinweisen beschäftigen, die für die Existenz eines Jenseits sprechen, wobei es nicht um zweifelhafte Versprechungen aus der Welt des Glaubens, sondern in erster Linie um neue wissenschaftliche Erkenntnisse gehen wird.

Angesichts dieses gewichtigen Programms will mir selbst der Mut sinken, das Ziel, das ich mit dem schlichten Wort „Einstellungswandel in der Gesellschaft zum Thema Tod“ umreißen möchte, zu erreichen. Doch erfüllt mich wieder einmal das sichere Gefühl, zur rechten Zeit auch hilfreiche Verbündete in jedweder Form geschickt zu bekommen.

Bei all dem bitte ich Dich, lieber Leser, im Auge zu behalten, daß ich in diesem Feld kein Experte bin, sondern nur ein Suchender, der „offenen Aug`s“ seinen langen Lebensweg gegangen ist, wie das Friedrich Wilhelm Weber in seinem Buch *Dreizehn-*

*linden,* das bei meinen Eltern ständig auf dem Nachttisch zu finden war, so griffig formuliert hat.

Ergänzend zu dieser Kurzübersicht über meine programmatischen Absichten muß ich noch einen weiteren Pfeil aus dem Köcher holen, den ich eigentlich schon ganz am Anfang hätte abschießen sollen, der weniger dem Inhalt als vielmehr dem Ziel gilt. Es ist der klassische Satz des René Descartes, der die Grundlage aller Philosophie darstellt: *Cogito, ergo sum,* bei mir leicht abgewandelt: *Scribo, ergo sum (ich schreibe, also bin ich.)* Damit will ich mich nicht in den Rang eines Philosophen katapultieren, sondern nur der schlichten Notlage eines Schreiberlings Ausdruck geben, dem die Feder abhanden zu kommen droht. Ich hätte nie gedacht, daß ich mich einmal so sehr in das Schreiben vernarren würde, daß ich mich ohne diese Kommunikation mit der Welt, auch wenn sie ziemlich einseitig ist, wie ein lahmer Vogel fühle oder etwas krasser: wie lebendig begraben. Ich werde aber nun nicht der Versuchung nachgeben, zum wiederholten Mal das Schicksal des blinden Sehers Teiresias *) zu beklagen, der den Weg in den Abgrund sieht, sich aber nicht mehr das Gehör verschaffen kann, um davor zu warnen. Schweigen, so fühle ich das, ist eine Vorstufe des Todes. Jetzt aber ist noch Zeit zum Gespräch.

**) Zu Teiresias muß ich noch eine Fußnote anfügen. Daß er blind wurde, ist der Legende nach eine*

*Strafe dafür, daß er Pallas Athene nackt gesehen habe. Ist das nicht eine hübsche Parallele zu dem Ohnmachtsanfall von König Salomon, von dem Du später noch hören wirst?)*

## Bestandsaufnahme

### *Kriegsende*

Das „tausendjährige Reich“ schickte sich an, schon nach 12 Jahren ein unrühmliches Ende zu nehmen. Die Truppen der Alliierten rückten unaufhaltsam vor; nachdem einmal die Verteidigungslinien am Rhein gefallen waren, gab es kaum noch nennenswerten Widerstand durch die deutschen Truppen. Nur um die großen Städte wurde noch gekämpft, z. T. sogar erbittert, was dann zu längerem Artilleriebeschuß und weiteren großen Verlusten und Zerstörungen führte.

Mitte April 1945 näherte sich die Front dann München und wir hörten schon seit einigen Tagen gelegentlich fernen Geschützdonner. Die bange Frage war, ob München noch verteidigt werden solle oder ob der für alle, die sehen konnten, absolut aussichtslose Krieg vielleicht doch noch vorher durch die Kapitulation der deutschen Seite beendet werden würde. Da aber die Hochburgen des SS in den bayerischen Bergen bei Berchtesgaden lagen, wo sich angeblich auch der Führer verschanzt haben sollte, war doch damit zu rechnen, daß der Wahnsinn des Widerstands „bis zum letzten Blutstropfen“ gehen würde, wie es in den Durchhalteparolen ja immer beschworen wurde.

So zogen auch wir, meine Eltern und ich, sicherheitshalber mit einigen Möbeln – vor allem den Betten, aber auch dem holzgefeuerten Küchenherd – in den Keller und machten es uns gemütlich. Dies war jedenfalls tatsächlich meine Empfindung, denn der Keller bedeutete ja im Krieg so etwas wie Sicherheit; zumindest hatten wir es uns in den vielen Bombennächten immer eingeredet, dort relativ sicher zu sein. Der Villenvorort Solln am Rande der Stadt war ja auch für die Bomber ziemlich uninteressant, da dort keine kriegswichtigen Ziele lagen, und tatsächlich hatte es bisher kaum Treffer gegeben, mit Ausnahme des einen, der meiner Schwester das Leben gekostet hatte. So standen wir bei den Fliegerangriffen denn auch recht leichtfertig im Garten und suchten erst im letzten Moment, wenn man das dumpfe Brummen der Flieger schon ganz nahe hörte und die Flak das Feuer eröffnete, dann aber auch Hals über Kopf den mit Betonklötzen und Sandsäcken verstärkten Luftschutzkeller auf. Dieser war so für mich ein letzter, scheinbar sicherer Zufluchtsort geworden. Und diesmal war unsere Familie ja beisammen; der Küchenherd bullerte, das Wasser „im Krandl“ summte und an den Wänden tanzte der Widerschein des Feuers im Herd: die Bezeichnung „gemütlich“ war also nicht ganz übertrieben.

Am Abend, als es schon dunkel war, wagten wir uns noch einmal aus dem Haus. Vorsichtig wie bei einem Geländespiel schoben wir uns, gedeckt durch die Zäune und Hecken der Villengrundstücke bis zur Wolfratshauser Straße vor, der Hauptstraße nach München. Noch nicht ganz dort angekommen, hörten wir plötzlich ein seltsam mahlendes Geräusch, das sich langsam verstärkte. Mein kriegserfahrener Vater sagte nur ein Wort: „Panzer", packte uns am Arm und ohne noch weiter an Deckung zu denken, rannten wir, so schnell wir konnten, den Weg zurück und verbarrikadierten uns im Keller. Das wäre jedoch gar nicht nötig gewesen, denn die ganze Nacht über blieb es ruhig; von den ekelhaft mahlenden Geräuschen war in unserem Versteck nichts mehr zu hören.

Auch am nächsten Morgen blieb es zunächst ruhig. An den meisten Häusern hingen bereits weiße Tücher aus den Fenstern und auch meine Mutter funktionierte ein weißes Betttuch zur weißen Fahne um, ohne daß mein vorsichtiger Vater dagegen einschritt. Erst später hörten wir, daß eine derartige eigenmächtige Kapitulationserklärung manchen Leuten noch in den letzten Kriegstagen zum Verhängnis geworden ist und sie deswegen von SS-Männern kaltblütig standrechtlich erschossen wurden.

Es war wohl schon gegen Mittag, als dann Motorenlärm schnell näher kam. Da aber keine Schießerei zu hören war, liefen wir auf die Straße, die an unserem Haus vorbei in Richtung Sendling führt, wo eine endlos lange Kolonne amerikanischer Fahrzeuge vorbei rollte: kleine Schützenpanzer, Jeeps, Lastwagen verschiedener Größe. Die Menschen kamen aus ihren Häusern, manche fielen sich in die Arme, sie winkten, schwenkten auch weiße Fahnen. Die amerikanischen Soldaten winkten von ihren Fahrzeugen zurück. Es lag eine unbeschreibliche Stimmung von Befreiung und Freude in der Luft, daß der entsetzliche Spuk nun endlich ein Ende hatte, und zwar ein glückliches.

Doch plötzlich fiel ein Schuß, er pfiff an unserem Haus vorbei, ich höre ihn noch heute, es war für mich der erste und Gott sei Dank auch der letzte Schuß dieses Kriege. Warum ihn niemand ernsthaft zur Kenntnis nahm, weiß ich nicht; jedenfalls ging der Einmarsch friedlich weiter.

Nun waren sie also da, die Sieger und von Vielen ersehnten Befreier. Die Glücksgefühle brachen sich endlich Bahn: daß man dem Wahnsinn, dem Chaos, dem verbrecherischen Regime entkommen war, wohlbehalten an Leib und Leben, wenn auch in großer Not. Die einmarschierenden Amerikaner konnten sich bei uns als wirkliche Befreier feiern lassen, zumindest vom Großteil der deutschen Bevölkerung. Bei uns Kindern zogen natürlich besonders die Schwarzen die Blicke auf sich, hatten wir doch außer dem „Sarotti-Mohr“ (Schokolade-Werbung) noch nie einen leibhaftigen Neger gesehen. Auch mußte man uns erst beibringen, daß das

Wort Neger tunlichst nicht in Gegenwart eines Schwarzen gebraucht werden durfte. Daß Schwarze „Farbige“ sein sollten, hat mir nicht recht einleuchten wollen, nach meiner kindlichen Vorstellung erwartete ich wohl, daß dann zumindest auch noch „Rothäute“ hätten auftauchen müssen, die uns Karl May um Längen näher gebracht hatte als es uns damals die Neger waren, literarisch gesehen jedenfalls.

Wenn ich in späteren Jahren diesen Einmarsch der Sieger Revue passieren ließ, so wurde mir erst bewußt, wie anders diese Soldaten aussahen als die unseren, von denen ich in den letzten Wochen gelegentlich ein paar abgerissene Exemplare zu Gesicht bekommen hatte. Sie waren einfach sichtlich am Ende, körperlich auf alle Fälle, die meisten aber auch psychisch. Dagegen machten die Sieger einen geradezu frischen Eindruck: sauber, gut genährt, gut ausgerüstet, locker, oftmals lachend und natürlich immer kauend. Nun hat der Sieger natürlich leicht lachen, bei den Amis aber war zu spüren, daß sie einfach nach dem Motto lebten: let’s do the job, auch wenn es ein dreckiger war. Die ganze moralische Last des „dulce dekorumst pro patria mori“, die unseren jungen Männern von Jugend an aufgebürdet worden war, schien diesen zu fehlen. Das ist mir allerdings erst so richtig klar geworden, als ich als Student diese lateinische Heldenparole des süßen und ehrenvollen Sterbens für das Vaterland immer noch in unübersehbaren ehernen Lettern über dem Eingang des Audi Max der noch weitgehend zerstörten Münchner Universität prangen sah als übriggebliebene Fratze eines fehlgeleiteten Erziehungswahnsinns.

Doch zurück in den Mai 1945.

Meine Mutter hat ja schon kurz über die wunderbare Errettung Papas vor der Kriegsgefangenschaft berichtet. Da das eine schier unglaubliche Geschichte ist, will ich sie hier noch etwas ausführlicher erzählen.

Als das Kriegsende näher rückte und damit die feindlichen Truppen, beschwor meine Mutter als eifrige Beterin – in diesem Fall mit meiner ungestümen Mitwirkung – Gott und seine Heiligen, an erster Stelle den heiligen Antonius, der ja für die Rückgewinnung von „Abhandengekommenem“ zuständig ist, dafür zu sorgen, daß Papa wohlbehalten aus dem Krieg zurückkäme. Unsere Gebete müssen die himmlischen Mächte doch beeindruckt haben, denn es ereignete sich ein Wunder, das künftig als das „Wunder der Antoniusbeule“ in unsere Familienchronik einging.

Eines Nachts, es war ausgerechnet an Führers Geburtstag, also am 20. April, fuhr ein Motorrad mit Beiwagen der deutsche Wehrmacht in die Einfahrt unseres Sollner Hauses, und ein Gefreiter führte den humpelnden Vater ins Haus. Herr Hauptmann Fischer hatte in seiner Kniekehle einen faustgroßen

Furunkel bekommen, der ihn nicht nur am Laufen hinderte, sondern auch das Anziehen eines Stiefels unmöglich machte – aber was wäre ein deutscher Hauptmann ohne seine blankgewienerten schwarzen Langschaftstiefel! Er war also vom Arzt krank bzw. kampfunfähig geschrieben und, da die Lazarette durch verwundete Frontsoldaten überfüllt waren, verordnete sich mein Vater zur Auskurierung „Heimaturlaub". Einmal in der Obhut seiner resoluten Frau kam eine Rückkehr zum Dienst nach Ingolstadt kurz vor dem absehbaren Kriegsende unter keinen Umständen in Frage, auch wenn die „Antoniusbeule" so langsam wieder heilte. Soweit ich weiß, hat auch niemand mehr in den letzten chaotischen Tagen nach íhm gefahndet. So ist also mein Vater mit Hilfe des heiligen Antonius – zumindest nach der Überzeugung meiner Mutter – in Hausschuhen und ohne jede offizielle Entlassung aus dem Krieg zurück gekehrt.

Die Geschichte hatte aber noch ein Nachspiel: Einige Tage nach dem Einmarsch in München begehrten ein paar schwerbewaffnete amerikanische Soldaten sehr martialisch bei uns Einlaß und stürmten das Haus vom Keller bis in den Speicher, vermutlich auf der Suche nach versteckten deutschen Soldaten. Mein Vater mimte den harmlosen Zivilisten; er hatte sich inzwischen selbst entwaffnet, indem er den Uniformrock samt Degen an den Nagel, sprich Garderobenhaken gehängt hat. Dummerweise hing beides aber immer noch dort. Außerdem wurden im Haus noch ein Stahlhelm und ein HJ-Messer gefunden. Die Lage war ernst. Die Amis wollten meinen Vater schon gefangennehmen, als die Mutter geistesgegenwärtig die „Corpus delicti" dem Anführer des Trupps aufdrängte und mit den Worten „Souvenir, Souvenir!" einen klassischen Bestechungsversuch unternahm. Und das Unmögliche geschah: Habsucht siegte wieder einmal über Gesetz und Disziplin und die Amis zogen mit ihrer Beute, aber ohne meinen Vater, wieder ab. Die zur rechten Zeit erschienene Antoniusbeule plagte meinen Vater zwar noch eine ganze Weile, wurde aber unterm Strich als echtes Gottesgeschenk gepriesen.

Nach der Kapitulation am 8.5.1945 war der Krieg dann auch endlich offiziell beendet und alle hofften, daß es nun langsam wieder bergauf gehe. Doch davon konnte zunächst keine Rede sein. Zwar gab es keine unmittelbare Lebensbedrohung mehr, auch durfte man alle Vorrichtungen und Geräte, die im Zusammenhang mit den Luftangriffen vorgeschrieben waren, wie Sandeimer, Feuerpatsche, Betonriegel vor den Kellerfenstern, Gasmasken und Ähnliches entfernen, und auch die abendliche Verdunkelung entfiel. Vor allem aber: man konnte die Nächte wieder ungestört durchschlafen und die Angst vor dem durch Mark und Bein gehenden Sirenengeheul schwand langsam, wenn auch nicht restlos. Ich vermute, daß jeder, der die Luftangriffe in den großen Städten erlebt hat, auch noch Jahre, ja Jahrzehnte später bei dem Heulen der Sirenen unwillkürlich zusammenzuckt, auch wenn es sich jetzt nur um einen harmlosen Probealarm handelt; mir jedenfalls geht das heute noch so.

Hier breche ich nun das Kapitel über die Zeit nach dem Ende des zweiten Weltkrieges ab, nicht ohne auf mein autobiographisches Buch *Glück und Glas* zu verweisen, in dem der Bericht über die Ereignisse dieser weltgeschichtlich bedeutenden Zeitspanne eine ganz zentrale Rolle spielt, der Tod aber selbst glücklicherweise sein fast unbeschränktes Herrscherrecht verloren hatte.

Dagegen kann ich nicht umhin, die Todeserfahrung, die meine Marianne 20 Jahre später bis zur Neige auskosten mußte, in groben Zügen zu referieren.

## Herzstillstand

Wir beide waren gerade mal sechs Jahre glücklich verheiratet, hatten inzwischen drei von den erwünschten vier Kindern als Geschenke des Himmels gesund in Empfang genommen, und ein viertes war unterwegs. Doch gleichzeitig machte sich ein Gehirntumor in ihrem Kopf breit und breiter und verursachte höllische Schmerzen. Eine Operation war dringend erforderlich, schien aber wegen der allgemeinen Schwächung von Marianne durch die beiden miteinander konkurrierenden Wachstums-Prozesse in ihrem Körper zu riskant zu sein. So hoffte man, daß das Kind von ihr spontan geboren werden würde und sie dann die Kopfoperation auch noch überstehen werde. Um es kurz zu machen: das Kind kam tatsächlich gesund zur Welt, doch bei der wenige Tage danach anschließenden Entfernung des mandarinengroßen Tumors aus ihrem Kleinhirn erlitt sie einen Herzstillstand und war klinisch tot. Die sofort versuchte Reanimation hatte glücklicherweise Erfolg, aber ihr weiteres Überleben hing lange an einem seidenen Faden. Schließlich konnte ich sie nach einem guten halben Jahr und noch weiteren Operationen als Wrack mit halbseitiger Lähmung im Rollstuhl mit nach Hause nehmen. Ich will auch hier ihre Krankengeschichte nicht weiter ausbreiten, sondern nur als die Grundlage der von ihr erlebten Nahtoderfahrung anführen. Auch über diese selbst kann ich wenig berichten, da sie selbst kaum darüber gesprochen hat, doch werde ich im Zusammenhang mit ihrem „zweiten Tod“ noch einmal darauf zurückkommen.

Doch damit noch nicht genug: noch einmal griff der Gevatter Tod nach uns Beiden, und ich hatte ihn leichtsinnigerweise auch noch selbst dazu eingeladen. Auch diese Geschichte habe ich ausführlich unter dem Titel *„Tödliches Gift“* im Buch *Laurentiustränen* erzählt, wegen ihrer außergewöhnlichen „Nähe zur Front“ gehörte sie aber eigentlich unbedingt hierher. Herausgenommen nur so viel: wir Beide standen ganz plötzlich ganz oben auf der Liste der Todeskandidaten, und für einige Tage lang war die Intensivstation unser Wohnzimmer.

## Das Normalprogramm

Wenn ich hier schon einmal den Ausdruck gebraucht habe, den Tod von seinem Sockel stürzen zu wollen, so muß ich das doch wieder deutlich relativieren; Größenwahn gegenüber der einzig stabilen Instanz im Weltengefüge ist zweifellos nicht angebracht: Sein unerbittliches „Jedermann“ ist immer noch eines der mächtigsten Signale irgendeines Herrschers zwischen Himmel und Erde, da können selbst die Trompeten von Jericho, die ja immerhin ganze Stadtmauern zum Einsturz gebracht haben sollen, nicht mithalten. Allerdings läßt sich auch das Argument nicht so leicht vom Tisch wischen, daß das Geschrei, das sein Tun verursacht, doch sehr abhängig ist von dem Überraschungsmoment, das mit seinem Erscheinen einher geht. So kann ein lang erwarteter, sozusagen längst überfälliger Tod gar als Erlösungstat gesehen und gefeiert werden, jedenfalls als der absolute Normalfall, dem allenfalls die berufsmäßigen (und bezahlten) Klageweiber eine bescheidene Spektakularität verleihen können, wie das in weiten Teilen des Orients zum unverzichtbaren Ritus gehört.

So ist vielleicht auch verständlich zu machen, daß ich fast vergessen hätte, vom Tod meiner Eltern zu berichten, deren jeweiliges Lebensende mit 88 bzw. 92 Jahren durchaus damals noch als zeitgemäß angesehen und nicht als „Betriebsunfall“ hochstilisiert wurde. Da hatte alles seinen Platz, alles war schon jahrelang vorher geregelt und mit professioneller Hilfe in „trockene Tücher“ gebracht, ja gar im vorhinein schon bezahlt worden. Trauer beschränkte sich weitgehend auf die nächsten Familienangehörigen, der Rest war als die übliche Konvention ziemlich gut lokalisier- und überschaubar. Eben das, was in der zivilisierten Welt dem Tod als Normalprogramm zugestanden wird.

Doch leider habe ich auch vom Gegenteil zu berichten, dem Tod meines ersten Enkels Markus. Da war der Tod in fast allen Kriterien am extremen negativen Pol seines Images angekommen und in keiner Weise akzeptabel: schlicht ein Anlaß für Auflehnung, für Rebellion. Und es ließ sich kaum noch an der Erkenntnis vorbeikommen, daß es in Wirklichkeit um einen Stellvertreterkrieg geht, in dem der Tod nur eine vorgeschobene Bastion befehligt, dahinter aber eine ganz andere Macht am Wirken ist, gegen die jede Art von Auflehnung ins Leere geht. Ich , der ich mich sonst gern literarisch in die Figur von Don Quijote versetze, um wenigstens gegen Windmühlen einen, zugegebenermaßen lächerlichen Schaukampf zu bieten, strecke in dieser aussichtslosen Position in Demut die Waffen, auch wenn es oft schwerfällt. Neben Resignation bleibt eigentlich nur das altbewährte, wenn auch nicht sehr befriedigende Rückzugsgebiet „Erinnerung“ zurück. Der schulde ich aber mindestens ein etwas schwermütiges Dankeschön für ein dreiviertel Jahr genossene pure Freude. Meine tiefgehende Erschütterung will ich aber nicht verheimlichen und füge deshalb *die „Letzten Worte eines Opas“,* die mein Schauspieler-Freund Herbert Kromann für mich am Grab von Markus gelesen hat, dem Anhang bei.

Mehr der Kuriosität wegen sei zum Schluß dieses Kapitels noch ein Vorfall wiedergegeben, der zeigt, wie schnell sich eine Szene von einer Komödie zur Tragödie drehen kann; und das ohne die direkte Schuld einer bestimmten Person.

Ort der Handlung war die Waschküche im Keller unseres Hauses, die nach Erfindung der Waschmaschine überflüssig geworden war. Gleiches gilt für das dazugehörende Bügelzimmer und das Nähstübchen, also eine beachtliche Raumfläche, die damals sehr häufig in eine Hobbywerkstatt oder in ein Feierlokal umgewandelt wurde. So auch bei uns: es entstand eine ganz passable Tanzfläche mit Bar und angrenzendem Mehrzweckraum, der mal als Treffpunkt für die Pfadfindergruppe, mal als Trinkstüberl, mal als Übungsraum für Schlagzeuger und Gitarristen, und im Fasching als „Aufenthaltsraum“ Verwendung fand. Die Faschingsfeste im Fischer-Keller genossen eine gewisse Berühmtheit und waren meist völlig „überbucht“. Zu der berüchtigten Verkettung unglücklicher Umstände gehörte eine Kaffeemaschine, die ein erster Preis einer Segelregatta war, das Vorhandensein eines Wasserhahns in der Bar-Ecke und das Nichtvorhandensein jeglicher Isolation. Diese Stichworte ergeben aneinander gereiht schon das Drehbuch für das Unglück: einer der Gäste, der die leere Kaffeemaschine wieder mit Wasser befüllen wollte, bekam einen Stromschlag aus der 230 Volt Steckdose und war nicht mehr in der Lage, sich aus dieser Situation selbst zu befreien. Es klingt jetzt vielleicht etwas übertrieben, aber aus vielen Berichten über ähnliche Situationen geht hervor, daß sie mit einem Todesfall geendet haben. Unser Gast, den ich noch nicht einmal kannte, hatte Glück und offenbar auch eine gute Konstitution und überlebte die Attacke. Der Tod verschwand unerkannt, sein „Fast-Opfer" sah ich einige Jahre später noch einmal. Er hatte sich um eine Stelle als Volljurist bei Siemens beworben und kam zu einem Vorstellungsgespräch ausgerechnet zu mir, der ich zu der Zeit ein Einstellungsbüro bei dieser Firma leitete. Irgendwie war mir der Name, so viel wußte ich noch, schon einmal untergekommen, und als er dann vor mir saß, kam mir die Schreckensszene von damals wieder voll in Erinnerung; er hätte mich wohl nicht erkannt, aber als ich ihm ein Stichwort gab, war auch er wieder im Bilde. Ohne den Konjunktiv zu bemühen, um mögliche Konsequenzen aus dem Vorfall weiter auszumalen, sage ich hier nur noch einmal aus vollem

Herzen: Gott sei Dank, das hätte für ihn und damit auch für mich böse ausgehen können.

*Black out* und *Vorhang zu!*

## Marianne

### *Ein Fest zur Beerdigung*

Da stehe ich nun vor einem Dilemma, das ich mir auch noch selbst eingebrockt habe.

Wie ich schon sagte, habe ich mir nach dem Tod meiner Frau im August 2017 erst einmal ein Jahr Pause, also ein Trauerjahr, verordnet. Es sollte ein Jahr des Nachdenkens werden über unser gemeinsames Leben und natürlich auch ein Jahr, um meine neue Daseinsform als Witwer in den Griff zu bekommen und neue Ziele und Aufgaben zu erkunden. Zunächst einmal stand aber eine Entscheidung an: War das, was wir beide in den mehr als sechs Jahrzehnten unseres gemeinsamen Lebens immer als das Besondere und für uns Wichtigste angesehen haben, unser „Alleinstellungsmerkmal Liebe" wirklich für die (Um-)Welt so bedeutend und „einzigartig", wie wir uns das einbildeten, könnte es so etwas wie ein leuchtendes Beispiel für „Weltbewältigung", um es noch einmal mit Rosa zu benennen, auch für andere sein? Der eine oder andere meiner Leser wird sich sicher erinnern, daß wir uns in der Beurteilung dieses Punktes nicht einig waren und deshalb die Frage „veröffentlichen oder nicht" auf den Zeitpunkt nach Mariannes Tod verschoben haben. Daß mir diese Entscheidung zufallen würde, ist nicht so sehr verwunderlich, denn faktisch kam ja nur ich als Schreiber in Betracht.

Inzwischen gibt es mein Buch *Nanne, die Königin von Saba. Eine Weise von Liebe und Tod.* Und da es in großen Teilen versucht, das „Wunder unserer Liebe“ nachzuzeichnen, ist es ein sehr privates, intimes Geschehen, dem ich da versucht habe, Ausdruck zu verleihen. So habe ich es auch einem sehr kleinen Familien- und Freundeskreis zugedacht, in dem es, so glaube ich sagen zu können, gut aufgenommen wurde, teilweise wohl gar einen Platz im Herzen erringen konnte. Jetzt, wo ich mit diesem neuen Buch versuche, dem Tod seine Latifundien streitig zu machen, das heißt: seine Macht und Bedeutung auf ein realistisches Maß zurück zu stutzen, tritt der Teil „Liebesgeschichte“ naturgemäß in den Hintergrund. Wenn Du, lieber Leser, Dich aber gerade auch für diesen Teil interessierst, kann ich Dich nur auf das erste Buch, den Nachruf auf Nanne, verweisen, das es ja überall im Buchhandel zu bestellen gibt. Ich hoffe auf Dein Verständnis, wenn ich mich hier jetzt darauf beschränke, von dem Fest ihrer Beerdigung zu erzählen, denn das gehört ja genuin zu meinem Thema **„Titanensturz für den Tod“**, um es noch einmal etwas drastischer zu formulieren.

Die Frage nach dem „Alleinstellungsmerkmal“ kann somit bis auf Weiteres offen bleiben.

Das Ritual ihrer Beerdigung durchzieht die für mich als Segler naheliegende Vorstellung, daß das ganze Leben mit einer Schiffsreise vergleichbar ist, die im Grunde nur das eine Ziel hat, am anderen Ufer gut anzukommen.

Nun ist „das andere Ufer“ kein sehr präziser Begriff. Seeleute haben da natürlich sehr viel genauere Vorstellungen, vor allem, wenn man die Navigation von noch vor fünfzig Jahren zur Grundlage der Betrachtung nimmt. Sollte die Reise gar um die Welt gehen, wie ich mir in jungen Jahren das auch für mich so erträumt habe, dann mußte man schon eine ganze Menge an Wissen und Können erwerben, um sich auf See in jeder Situation selbst helfen zu können. Als Beispiel möchte ich hier nur die Kursbestimmung erwähnen, sowohl terrestrisch, erst recht aber astronomisch, was heute aber kaum noch jemand lernt, denn inzwischen ist die Standortbestimmung mit GPS ja ständig auf Knopfdruck bzw. Klick verfügbar, ohne Sextant und nautisches Tafelwerk, ob die Sonne sichtbar ist oder nicht. Trotzdem ist die Kursbestimmung eine heikle Sache, denn was da so an Beschickungen und Berichtigungen anzubringen ist, um zu dem rechtweisenden Kompaßkurs zu kommen, ist eine ganze Menge zu beachten, eben wie im richtigen Leben, und es geht nicht mit „Pi mal Daumen“, wie es sich die Landratten schon mal erlauben! Ich sage das, weil es Teil meiner Lebensphilosophie ist, die Dinge, die

die Umstände erfordern, nicht nur zu tun, sondern bewußt und gut durchdacht zu tun. So war es mir und meinen Kindern nach dem Leben ihrer Mutter in Freude und Harmonie - trotz ihrer handycaps - ein großes Anliegen, es auch zu seinem Ende in einem Freudenfest enden zu lassen, also die Tristesse der üblichen Beerdigunszeremonien einschließlich der obligaten schwarzen Trauerkleidung aufzubrechen und in großer Dankbarkeit ein Halleluja anzustimmen, das Händel'sche natürlich, das schon früher die Höhepunkte unseres Lebens begleitet hat. Und da sie einen guten Teil ihres Lebens wegen ihrer körperlichen Behinderung auf dem Wasser verbracht hat, und das mit großer Begeisterung, haben wir sie auch soweit es ging, seemännisch begraben. Unser Sohn Stephan hat als gelernter Bootsbauer für ihre Urne eine Gondel aus einem Massiv-Holzklotz geschnitzt, in dem sie die vier Kinder dann auch gemeinsam zu Grabe getragen haben; eine Seebestattung im Starnberger See oder gar im Mittelmeer hatte sich leider aus formalen und technischen Gründen nicht durchführen lassen. Die Textauswahl bei der liturgischen Feier nahm den Gedanken vom Wasser als dem Element, aus dem alles geboren ist, auf und gipfelte in dem schönen Text von Willigis Jäger, den sie ganz besonders geliebt hat, vom *Ozean und der Welle*, den ich hier einfüge:

*Wo gingen die Menschen hin, als sie starben? Wo gehen die Wellen hin, wenn sie in den Ozean zurückkehren? Sie kehren zurück in den „Ozean Gott“. Unser Ich hat vor diesem Zurückkehren Angst, aber wir gehen in eine umfassendere Erfahrung. Unsere wahre Identität ist das Weltmeer, nicht die Welle. Ob und wie eine Welle weiterlebt, wenn sie in den „Ozean Gott“ zurückkehrt, wissen wir nicht. Wir gehen in eine neue Seinsweise, sagt uns die Auferstehung Jesu. Etwas viel Gewaltigeres erwartet uns nach dem Tod. Wir können uns dieses Neue mit unserem begrenzten Ich nicht vorstellen. Es ist eine Geburt in ein größeres Leben, in eine Fülle, von der wir keine Ahnung haben können, weil unsere Ratio zu eng ist. Es öffnet sich ein Tor, wenn wir sterben, es schließt sich nicht ein Tor. Nur in dieser Zielvorstellung macht das Leben Sinn. Eines Tages, wenn wir ein tieferes Verständnis erlangt haben, werden wir unseren Tod feiern, wie wir unsere Geburt feiern.*

Ja, lieber Leser, vielleicht spürst Du etwas von dem, was in diesen Zeilen, fast möchte ich sagen: wie ein Tsunami heranbraust und von dem, was an Altem war, nicht viel übrig läßt? Natürlich hängen wir noch an dem Alten, wollen es um alles in der Welt nicht loslassen, klammern uns daran wie an den sprichwörtlichen Strohhalm, anstatt einfach loszulassen, nicht mit Angst und innerem Widerstand, sondern mit Freude und Begeisterung. Warum sind wir nur so schwerfällig? Wo es doch um ein neues, gar ewiges, Leben geht! Aurelius Augustinus hat gesagt:

*Ihr, die ihr mich liebt, seht nicht auf das Leben, was ich beende, sondern auf das Leben, das ich beginne.*

Noch einmal möchte ich Dich erinnern an die Macht, die uns gegeben ist, und die uns niemand wegnehmen kann: wir sind es, die den Stellenwert des Todes bestimmen. Akzeptieren müssen wir ihn, aber ob wir ihn als Schreckgespenst, das schon unser jetziges Leben und erst recht unsere Sterbestunde mit Angst erfüllt, oder als willkommenen Türöffner in eine neue, spannende Zukunft sehen wollen, **das liegt in unserer Macht**, in unserer Einstellung und Bereitschaft, das kommende Neue als Geschenk Gottes im Vertrauen darauf zu umarmen, daß es uns weitertragen wird, wohin und in welcher Form auch immer. Darauf sollten wir bei Zeiten unseren Kurs ausrichten, und dazu will ich in der Rolle des Skippers beitragen, unter Anderem, in dem ich auf das neue Wissen hinweise, das uns vorrangig die Quantenphysik beschert.

Wie zur Bestätigung meiner Intention bringt die SZ heute als Frühstückslektüre unter der Überschrift „Sterben ist ein Zukunftsthema“ ein Interview mit dem Theologen Rupert Scheule, der an der Uni Regensburg einen Studiengang „zur perimortalen

Kompetenz“ am Lehrstuhl für Moraltheologie entwickelt. Psychologen, Philosophen, Mediziner, Kulturwissenschaftler sind offenbar mit im Boot, aber typischerweise fehlen wieder die Naturwissenschaftler, vor allem die Physiker. Von ihnen erwartet man aus theologischer Sicht einfach keinen Beitrag zum Weltverständnis. Es ist wieder einmal zum Heulen!

Das Kapitel Beerdigung und ihre Rituale ist damit aber noch nicht ganz abgeschlossen, es fehlt noch eine kleine Nachbetrachtung zum Thema Grabmal als dem sichtbaren und in der Regel nachhaltigsten Anhaltspunkt für ein gelebtes Leben. Im vorliegenden Fall ist die freilich nicht ohne einen makabren Beigeschmack zu haben!

Als „Neubürger“ der Gemeinde Bernried leben wir seit unserem Umzug hierher ohne Grabmal, wir brauchten also nach Mariannes Tod erst einmal einen Platz für ihre und sicher auch demnächst meine letzte Ruhestätte. Dabei gab es zunächst kein Problem. Das entstand erst bei der Auswahl eines Grabzeichens, und das eigentlich ganz unerwartet. Unsere gemeinsame Intention als Familie war es, dieses letzte materielle Überbleibsel im Andenken an die geliebte Frau und Mutter so persönlich wie möglich zu gestalten. Dazu boten sich zwei steinerne Relikte aus ihrem Leben an, die beide aus dem „Schoß von Mutter Erde“ vermutlich vor Millionen von Jahren geboren waren und den verschlungenen Weg in unseren Besitz gefunden hatten. Das Eine war eine aus einem vietnamesischen Vulkan gewachsene Basaltsäule, die wegen der ihr angeblich innewohnenden Strahlkraft als Heilmedium gegen ihre Arthrose etliche Jahr in unserem Garten stand, das Andere ein im Vulkan Teide auf Teneriffa gebrannter faustgroßer Stein mit Einschluß eines leuchtenden Opals, der in zwei Hälften auseinander gebrochen war und so sein Innerstes preisgegeben hatte. Als ich ihn in einem Edelsteinladen in unserem Hotel *Oceano* in *Punta del hidalgo* im Norden von Teneriffa entdeckte, erinnerte er mich sofort an den Titel eines Buches von *Bruce Marshall: Alle Herrlichkeit ist Innerlich* und schenkte ihn meiner äußerlich so mißgestalteten Frau in dem Gedanken, daß der Stein ein Symbol für die Schönheit ihrer Seele sei. Beide Steine sollten nun zusammen als Grabzeichen etwas über das Wesen dieses Menschen aussagen.

Meine Leser haben in dem Buch *Nanne, die Königin von Saba* einen Kurzlehrgang über „Koinzidentien" über sich ergehen lassen, zu dem das Zusammentreffen von zwei sich ergänzenden Ereignissen wieder einmal „ganz zufällig" ein fulminantes Musterbeispiel für dieses Phänomen lieferte: Idee für Grabstein sucht ausführenden Kunstschmied. Wieder einmal war es ein Artikel in der SZ; er berichtete von einem Kunstschmied, der sich auf den

Entwurf (und dessen Ausführung) von Grabzeichen spezialisiert habe, und der damit den Versuch unternahm, etwas Spezifisches, Persönliches über die oder den Verstorbenen auszudrücken; und dieser Artikel kam genau passend zu dem Zeitpunkt, an dem ich nach so einer Begabung suchte; und er arbeitete auch noch in erreichbarer Nähe. Tatsächlich war dieser Christof Jenauth „mein Mann" und das Ergebnis unserer gemeinsamen Planung war ein Grabzeichen von besonderer Schönheit und eben: persönlicher Ausstrahlung. Das sahen aber nicht alle so, denn der Gemeinderat von Bernried, dem der etwas aus dem üblichen Rahmen fallende Entwurf vorgelegt wurde, versagte seine Zustimmung mit dem Argument, daß der doch sehr abstrakte und ungewohnte Grabstein nicht in die Umgebung passe. Auch daß ich die Gedanken zu Inhalt und Botschaft des Kunstwerks schriftlich zu der Sitzung des Gemeinderats erläutert hatte, konnte das Gremium nicht umstimmen. Ich enthalte mich, zwar etwas mühsam, aber letztlich ohne Groll einer Wertung dieser für mich großen Enttäuschung, kann aber auch wieder berichten, daß die dann gefundene Lösung von allen Seiten zu einem mindestens akzeptablem Ergebnis geführt hat: Die Basaltsäule steht jetzt auf dem Grab im Friedhof, der „esoterische Überbau" bei uns im Garten. Damit kann ich leben und hoffentlich auch sterben.

Abschließend sei noch erwähnt, daß der Tag von Mariannes Beerdigung für Kinder und Enkel, ich denke ganz im Sinn von ihr, mit fröhlichem Baden und Segeln und ebensolchem Pizzabacken und – essen ausklang und hoffentlich allen als ein schöner und festlicher Tag in Erinnerung bleiben wird.

Vielleicht wirst Du Dich wundern, lieber Leser, wenn ich sage: das alles ist im Preis des Lebens inbegriffen und im nachhinein wird das durchlittene Leid ebenso zum Besitz, ja gar zu wertvollem Geschmeide in der Schatzkiste des Lebens. Daß ich hier so gelassen darüber plaudern kann und unser Leben dennoch als gelungen und sehr schön bewerten möchte, hängt aber auch damit zusammen, daß die glücklichen Zeiten und Momente mindestens eine ebensolange Liste füllten, ja in der Erinnerung sogar eindeutig die Oberhand haben. Doch sind diese glücklichen Momente von mir schon weitgehend literarisch ausgeweidet. So erfüllt ihre Erwähnung hier nur den Zweck, die Gewichte von erlebter Freude und erlittenem Leid einigermaßen angemessen auszutarieren, um die darauf aufsetzende Jenseitsbetrachtung nicht von vorn herein einseitig zu bevor- oder auch zu benachteiligen.

## Vom Fliegen

Ich denke, Du hast jetzt erst einmal eine kleine Verschnaufpause verdient, lieber Leser. Deshalb möchte ich hier eine Geschichte einfügen, die Dir ein gutes Gefühl von Glück und Freiheit vermitteln soll; eben das, wonach wir als Menschen nach vielerlei Bekundungen am sehnlichsten verlangen. Unter anderem geht es dabei um Äther, was ich ja schon weiter oben versprochen habe.

Die Geschichte handelt von einer Bergtour, die ich zusammen mit meinem Schulfreund Sepp Schuster ungefähr vor 70 Jahren unternommen habe. Es ging auf den Schinder, genauer: den bayerischen Schinder, und es war und ist eine beliebte Frühjahrs-Skitour, die in meinem Bergführer unter der Überschrift „kurz und knackig“ firmiert und den Hinweis enthält: nomen est omen.

Das Schinderkar, das es beim Aufstieg (mit Fellen) zu erklimmen gilt, ist ein reiner Nordhang, in den die Sonne erst gegen Mittag hineinscheint; man sollte die Tour also am frühen Morgen beginnen, um bei der Abfahrt noch gute Schneeverhältnisse vorzufinden. Ein bergsteigerisches Schmankerl erwartet einen oben an der Scharte, wo man noch eine kleine Kletterei zu absolvieren hat, bevor sich am Grat der Blick auf die andere Seite öffnet; ein absolut privilegierter Rast und Aussichtsplatz!

Die dort oben zu genießende Aussicht über den Alpenhauptkamm habe ich längst vergessen, aber dafür begegnete mir das Gefühl, das mich dort überwältigte, noch sicher mehr als hundertmal in meinen Träumen: ich brauchte nur meine Arme auszubreiten, um dann abzuheben und zu fliegen. Es war ganz sicher die warme Frühlingsluft, die mir entgegen strömte, die Thermik, die ja auch von Vögeln und Drachenfliegern genutzt wird, um sich in den Himmel tragen zu lassen, vielleicht in Verbindung mit den herrlichen Düften nach Latschen, warmem Moos und ersten Frühlingsblühern, einfach selige Seeligkeit. Und dieses himmlische Gefühl verbindet sich in meiner Erinnerung mit dem inbrünstigen Ausruf meines Vaters, wenn er in ähnliche Situation geraten war: *reinster Äther!*

Mein Vater war, das muß zur Erklärung gesagt werden, ein geborener Humanist und als solcher ein Verehrer der Antike und Kenner der griechischen Welt, deren Himmel der Äther ist. Nur nebenbei: die alten Griechen kannten für sich keinen Himmel, in den sie aufgenommen werden würden, auf sie wartete der Hades, also die Unterwelt. Dorthin, so war ihre Vorstellung vom Leben nach dem Tod, wurden sie von Charon, dem Fährmann zur Unterwelt, über den Todesfluß Acheron gerudert bis zum Eingang zum Hades. Als Eintrittsgeld in die Unterwelt führten sie einen Obolus mit, den man ihnen unter die Zunge geschoben hat. Wenige auserwählte Helden hatten auch die Chance zum Aufstieg in den Götterhimmel, den Olymp, wo sie dann als Halbgötter verehrt wurden. Daß ich hier von dem Ahnenkult der alten Griechen so ausführlich spreche, geschieht nicht ohne Grund, denn Du, lieber Leser, wirst noch Dein „deja -vu-Erlebnis" daraus ziehen. Aber bleiben wir zunächst beim Äther, denn auch den brauche ich noch als Bindeglied zum „Aufbaukurs" über die Quantenphysik.

Zurück zum Fliegen!

Glück und Freiheit, das sind in meinem Empfinden die beiden wichtigsten Errungenschaften des Fliegens. Alles Schwere und Einengende bleibt zurück, Grenzenlosigkeit tut sich auf. Warum nur hat der Schöpfer vergessen, uns Flügel zu verpassen? Warum sind unsere Arme ohne Gefieder bloß arme Arme? Können wir es uns überhaupt erlauben, uns als die Krone der Schöpfung, als die Könige der Welt, wie es in einem alten Piratenlied heißt, zu bezeichnen, wenn wir nicht auch die Lüfte mit eigener Kraft zu beherrschen vermögen? Doch, wir können es, denn wir verfügen ja über die Möglichkeit, uns wenigstens im Traum aufzuschwingen, eine Kunst, die wir übrigens bei den Aborigines lernen könnten, den *Traumweltbewohnern,* die wohl noch am ehesten Erinnerungen an das große Schöpfungsgeschehen der Urzeit bewahren (mehr dazu in meinem Buch *Nachlese).* Dazu auch noch ein Hinweis auf das Kapitel *Kleine Vogelkunde* im Buch *Lau-*

*rentiustränen,* das über die Vogelwelt im Urwald von Costa Rica berichtet. Seine Botschaft als Schlußfolgerung meiner Beobachtungen scheint es mir wert, hierher übernommen zu werden:

*Jeder Vogel hat eine Stimme.*

*Jede Stimmen unterscheidet sich von den anderen.*

*Jeder Vogel ist frei, seine Stimme überall und jederzeit zu erheben.*

*Keiner verbietet dem anderen, sich zu äußern.*

*Die Stimme ist nicht abhängig von der Größe oder der Farbenpracht des Gefieders.*

*Jede Stimme hat Recht, keine rechter, keine am rechtesten.*

*Es gibt keinen Dirigenten, alle sind gleichberechtigte Individualisten.*

*Keiner der Vögel trägt irgendeinen Besitz mit sich herum.*

*Vielleicht ist es das, warum Vögel fliegen können – wir aber nicht?*

Und Fliegen ist ja auch eine Kunst, die wir brauchen, wenn unsere Seele sich aufmacht aus dem Diesseits ins Jenseits zu fliegen, alle Fronten hinter sich lassend, aus der Enge der Materie in die Freiheit von allen irdischen Beschränkungen. Ein Phantasietraum, ein Gebilde des Prinzips Hoffnung, Spekulation oder gläubige Gewißheit? Die Schindertour war nur eine vage Verheißung, das Fliegen aber eine köstliche Grenzerfahrung, eine Art Vorschuß auf das Entdecken einer noch unbekannten Zukunft, von der aber vielfach vermutet wird, daß sie ohne Einengung von Raum und Zeit erfahren werden wird.

## Noch einmal: Vom Äther

*Ein ewig Rätsel ist das Leben, und ein Geheimnis bleibt der Tod*
*Emanuel Geibel*

Und der Äther? höre ich Dich fragen. Er ist von der Bildfläche verschwunden, der einstige „Atem der Götter“, nachdem man ihn nicht messen und damit nachweisen konnte. Zwar hatten die klügsten Köpfe seit Pythagoras, Platon und Aristoteles nach den Spuren des Äthers im Raum gesucht, aber das geheimnisvolle fünfte Element der Schöpfung entzog sich allen Versuchen, es dingfest zu machen. Noch im 17.Jahrhundert sprach Issac Newton vom Äther als einer unsichtbaren, den ganzen Kosmos durchdringenden Substanz, als ein lebendiges, geistiges Element, als ein intelligentes Feld. Doch in der Aufklärung setzte sich fatalerweise und in einem Anflug von geistigem Übermut die Auffassung durch, daß nur existent ist, was auch gemessen werden kann. Damit verschwand der Äther aus der wissenschaftlichen Diskussion, überlebte gerade noch in einer Nebenbedeutung als medizinisches Narkosemittel, dessen damals unzweifelhafte Segnungen ich bei der Operation meines zerschmetterten Ellbogens im vorletzten Kriegsjahr genossen habe; ich sprach ja schon davon.

Erst 1986 wiederholte man die schon 100 Jahre zuvor durchgeführten Experimente mit empfindlicheren Geräten und fand ein Feld, das sich genau so verhielt, wie man es vom Äther erwartet hatte und wie es 1944 Max Plank vorhergesagt hatte. Allerdings spricht heute niemand mehr von Äther, das wäre doch zu blamabel. Auf einen neuen Namen konnten sich die Fachleute aber offensichtlich noch nicht einigen.

Nun habe ich in diesen wenigen Zeilen von einem Ereignis gesprochen, das die physikalischen Grundlagen unseres Wissens von der Welt einschließlich des Jenseits erschüttert und verändert hat; doch die Welt hat es nicht begriffen, wie schon der Evangelist Johannes das in seinem Prolog formuliert hat. Wir wissen heute, daß es dieses intelligente Feld gibt, das alles mit allem verbindet. Manche nennen es das intelligente Design, manche nennen es die göttliche Matrix oder auch den göttlichen Urgrund. Max Plank konstatierte, daß allein die Existenz dieses Feldes vermuten läßt, daß hinter unserer physischen Welt ein intelligenter Geist steht, der der Urgrund aller Materie ist. Und Albert Einstein schrieb:

*Die Natur zeigt uns nur den Schwanz des Löwen. Ich bezweifle aber nicht, daß auch ein Löwe dazu gehört, auch wenn er sich aufgrund seiner enormen Größe nicht auf einmal zeigen kann.*

Mit diesem wunderbaren, typisch Einstein'schen Wort verlasse ich jetzt erst einmal den kleinen, aber inhaltsreichen physikalischen Ausflug, der uns in der wissenschaftlich abgesicherten Gewißheit weiterleben läßt, daß es ein Jenseits und damit ein höheres Bewußtsein, eine oder auch mehrere höhere geistige Ebenen gibt. Die Alternative, daß uns nach unserem Tod nur noch *„der Blick auf die Radieschen von unten“* offen steht, sollte damit endgültig vom Tisch sein.

Gut, den Äther gibt's also, man hatte ihn ja auch erwartet. Die eigentliche Sensation aber kommt jetzt erst. Man fand etwas, was mit dem bisherigen Denken nicht erklärbar war und auch heute noch nicht ist: die sogenannte Quantenverschränkung. In dem *Genfer Experiment* wurde festgestellt, daß alles, was **einmal vereint war, auf immer verbunden bleibt**, ob es einander physisch nahe ist oder nicht. Das Feld zeichnet sich durch drei Prinzipien aus:

1) Das erste Prinzip geht davon aus, daß alles miteinander verbunden ist, was dann bedeutet, daß alles, was wir tun, sich auf alles andere auswirkt. (siehe auch: Schmetterlingseffekt!)

2) Das zweite Prinzip postuliert, daß die göttliche Matrix holographischer Natur ist, das heißt, jeder Teil des Feldes enthält die Essenz des ganzen Feldes.

3) Das dritte Prinzip sagt aus, daß Vergangenheit, Gegenwart und Zukunft aufs innigste miteinander verbunden sind, also Kontinuität zwischen unseren

gegenwärtigen Entscheidungen und unseren zukünftigen Erfahrungen herstellt.

Ich verstehe das alles natürlich noch viel weniger als die Fachleute, nehme aber gern zur Kenntnis, daß alles mit allem in Verbindung steht, miteinander kommuniziert und daß dabei Raum und Zeit keine Rolle spielen, um so mehr, als das schon eine ganz Weile meiner Überzeugung, vielleicht sollte ich besser sagen: meinem „Bauchwissen“ entspricht.

Damit scheint nun ein Rätsel unseres Weltverständnisses gelöst, wenn auch noch nicht verstanden zu sein. Die Physiker, aber auch viele anderen Wissenschaftler verwandter Disziplinen sind jetzt gefordert, für die gefundenen Fakten passende Theorien zu entwickeln. Das ist, wie ich schon angedeutet habe, extrem schwer, weil es sich bei der göttlichen Matrix, um es einmal an einem der Begriffe festzumachen, nicht um die gewohnten physikalische Dimensionen geht, sondern um geistige Prozesse und Zusammenhänge, die mit den bisherigen Denkmustern der materiellen Welt, mit unseren anthropozentrischen Sinn- und Verstandeskräften ex definitione nicht verstehbar sind. Ich habe vollstes Verständnis, daß da zunächst große Ratlosigkeit herrscht, ja, ich habe sogar Zweifel, ob diese Hürde überhaupt mit unserer gegenwärtigen menschlichen Ausrüstung in den Griff zu kriegen ist. Hoffnung gibt mir aber die Tatsache, daß es die Evolution bis heute geschafft hat, die menschliche

Denkapparatur von bescheidenen Anfängen zu beachtlicher Leistungsfähigkeit zu entwickeln, ja, daß sie völlig neue Gehirnpartien hinzu erworben hat, die, wie man weiß, auch noch keineswegs entsprechend genutzt werden. Eine der großen Fragen war und ist ja auch noch, wozu all das ungenutzte Potential, die Leere im Raum, die scheinbare Verschwendungssucht in der uns bekannten Schöpfung dienen soll. Ich habe da vor kurzem eine höchst interessante Theorie gelesen, die besagt, daß ebenso wie in der materiellen Welt die Schöpfung immer noch im Gang ist – siehe z.B. in der räumlichen Ausdehnung-, so auch in ihrer Gesamtheit , von der unsere Spezies ja nur einen verschwindend kleinen Teil ausmacht. Wo, um Himmels willen, so möchte man fragen, will denn die Schöpfung mit all dem gigantischen Gewese ihres Seins noch hin? Gibt es überhaupt ein Endziel der Geschichte? Was steht, wenn es das überhaupt gibt, dann am Ende der Evolution? Ich neige jedenfalls zu einer Interpretation, daß Anfang und Ende zwei Begriffe unseres dualen Weltverständnismodells sind, die in den höheren Geist-Ebenen keine Relevanz besitzen.

Die Film-Sparte „Science-fiction" jedenfalls scheint mir noch eine große Zukunft für die wildesten Spekulationen vor sich zu haben!

Von mir dazu noch eine letzte, extrem spekulative Anmerkung: in einem meiner Bücher habe ich von einem Projekt berichtet, das sich mit dem sogenannten Channeling um Informationen aus der überirdischen Welt bemüht. Da hat also eine Gruppe von Psychologen, anderen Geisteswissenschaftlern und auch Laien, also Menschen aus Fleisch und Blut, mit Hilfe eines Mediums Kontakt zu einer jenseitigen Gruppe von gestorbenen Personen geknüpft und über viele Jahre und in zahlreichen Sitzungen ein **System der Entwicklung von Seelen** erarbeitet. Als ehemaliger Personalentwickler eines großen Industrieunternehmens fühlte ich mich sofort in meinem Element und konnte feststellen, daß dieses System nach menschlichem Ermessen durchaus sinnvoll und stringent war. Was mich aber besonders erstaunte, war, daß die jenseitigen Personal- bzw. Seelenentwickler sich offenbar auch noch in einem Entwicklungsstadium ihres Systems befanden oder jedenfalls noch keine endgültige Kenntnis aller Faktoren und Zusammenhänge davon hatten. Könnte es denn möglich sein, daß das ganze Universum auf allen seinen Ebenen sich noch in einem, vielleicht gar unendlichen Entwicklungsprozeß befindet?

Fazit: der Phantasie scheinen schon jetzt keine Grenzen gesetzt. Und außerdem: Pfadfinder zu werden, war vielleicht nicht die schlechteste Entscheidung in meinem Leben, möglicherweise werden die ja auch noch im Jenseits gebraucht…

Nun, Du merkst es schon, lieber Leser, ich bin wieder – oder sagen wir: noch – auf der Erde und versuche, meinen Faden wieder aufzunehmen, allerdings mit einigen basalen Schwierigkeiten.

Wie kaum anders zu erwarten, liegen sich die Wissenschaftler in den Haaren – schon wieder oder noch? - was denn da die Quantenphysiker wieder für ein Kaninchen aus dem Hut gezaubert haben. Ich habe in den letzten Tagen einmal die Informationsportale der Fernsehsender „durchgezappt" und dabei festgestellt, daß man da „Alles und noch Mehr" finden kann, von Anne Will und ihrem Diskussionsforum bis zu Hans-Peter Dürr, Harald Lesch, Rolf Froboes, Ulrich Warnke und noch einigen Anderen. Jeder weiß was und will etwas an den Mann bringen. Und doch hat man den Eindruck, daß alles ein großes Tohuwabohu ist, daß man sich keineswegs einig ist. Da wo der eine von Gewißheit spricht, sagt der andere, daß man zwar eine Theorie hat, aber noch ganz am Anfang steht. Im Grunde hört man eher Ratlosigkeit heraus. Lesch, der mich am meisten überzeugt, sagt, wir kommen mit unserem linearen Denken nicht mehr weiter und müssen neu aufsetzen, in eine neue, gänzliche andere Richtung gehen, wir müssen uns ***mit komplexen Systemen, mit Vernetzung*** **beschäftigen**. Bisher haben wir uns nur mit der „Schlacke", (damit meint er Materie) beschäftigt, darüber steht aber eine umfassende Wirklichkeit, die weitaus größer ist, die geistige, jenseitige Welt, in der die uns bekannte diesseitige eingeschlossen ist. Auch er äußert Zweifel, ob wir mit den uns bisher mitgegebenen Fähigkeiten in der Lage sein werden, dort etwas zu begreifen, wo es nichts mehr zu greifen gibt. Emanuel Geibel, der Lyriker und Dramatiker hat das schon vor etwa 150 Jahren so gesehen,

Ich weiß nicht, wie es Dir geht, lieber Leser, aber mir scheint ganz plötzlich der Gevatter Tod abhanden gekommen zu sein, zumindest das Schreckgespenst, als das er so häufig karikiert wird. Aber hatte ich nicht schon am Anfang meiner Betrachtungen gesagt, daß die Bedeutung vom Tod und seiner Macht immer von dem abhängt, was man *hinter ihm* erwartet? Nach dem, was wir inzwischen gesehen haben, ist seine so vermeintlich bedeutende Rolle ja nur die eines Türöffners. Und genau da wollte ich ihn als Regisseur meines „Theaterprojekts *Von der Front“* ja auch haben. Tut mir leid, daß das keine große Sprechrolle für ihn mehr ist, sondern nur die des berühmten „reitenden Boten“, aber dieser Herr hat lang genug über seine Verhältnisse agieren dürfen. Damit sollte nun Schluß sein!

Mein Fazit jetzt noch einmal in einem Satz: **wir sind Teil der göttlichen Matrix, und zwar nicht nur als Beobachter, sondern als aktive Mitgestalter,** und ich ziehe daraus den Schluß, daß diese Rolle nicht mit unserem Tod endet, denn in diesem Universum geht nichts verloren, ganz im Gegenteil:

die Schöpfung befindet sich weiter in Ausdehnung, Vervielfältigung ist offenbar eines ihrer größten Anliegen. Warum sollte sie dann ausgerechnet auf das schon bisher Erreichte in ihrem Vorwärtsdrang verzichten?

## Erwartungen …

*Es kommt nie und nimmer darauf an, was wir vom Leben zu erwarten haben, vielmehr lediglich darauf, was das Leben von uns erwartet.*
*Viktor E. Frankl*

Ich betrete nun ein Terrain, das bislang nach meiner Erfahrung nur sehr verworrene Vorstellungen über eine Fortsetzung von Leben im Jenseits erlaubt. Da gilt es, zunächst erst einmal etwas aufzuräumen und über Bord zu werfen.

Totenkulte gelten allgemein als der Beginn jeder menschlichen Kultur, ein weites Feld also, vor allem für die Archäologen. Immer verbirgt sich hinter den Archefakten eine Vorstellung von dem, was die Verstorbenen nach ihrem Tod erwartet. So war ich z.B. doch sehr überrascht, als ich bei einer Geschäftsreise entdeckte, daß in Japan in den Shinto-Tempeln gefüllte Reisschalen auf den Altartischen standen, um den Toten das Weiterleben zu sichern, so sagte man mir wenigstens. „Haben die denn noch nicht entdeckt, daß mit dem Reis allenfalls die Vögel und vielleicht andere Kleintiere recht gut überleben, die Toten aber nicht mehr erscheinen, um sich zu sättigen?“ , so dachte ich, doch dann fiel mir ein, daß die schon in früher Zeit den Toten vielerorts mitgegebenen Grabbeigaben ja dem gleichen Zweck dienten. Der Gedanke an ein Fortleben der Toten dürfte also schon vor den Anfängen aller Bestattungszeremonien existiert haben. Verständlicher wird dies, wenn man den verbreiteten Glauben an eine Götterwelt in Betracht zieht, die – denken wir vor allem an die griechische Mythologie – aber einen absolut diesseitigen Charakter hatte. Und das gilt nicht nur für das leibliche Wohl! Nicht viel besser stand es lange Zeit für die Gläubigen der „Ein-Gott-Religionen“, wo der Totenkult mit abstrusen, schreckenerregenden Vorstellungen von Hölle, Fegefeuer und anderen Ausgeburten einer krankhaften, ja obszönen Phantasie gepflastert war. Ja selbst die Figur eines „lieben Gottes“ mußte bis noch in unsere Zeit hinein für einen von Zorn, Eifersucht und Vergeltung geifernden Gott herhalten. Der Gott der bedingungslosen Liebe ist ja erst ein Produkt neuester Theologie! Albert Einstein hatte schon gewußt, warum er die Entdeckung seiner **Weltformel „Liebe“** im Brief an seine Tochter Lieserl mit der Auflage versehen hat, ihn erst 20 Jahre nach ihrem Tod zu veröffentlichen. Seine Annahme, daß bis dahin das Verständnis der Menschheit dafür soweit gereift sei, war dann aber offenkundig doch einer seiner wenigen Irrtümer!

Trotzdem hege ich große Erwartungen, was das Leben nach dem Tod angeht, wozu in hohem Maß auch meine Beschäftigung mit dem Thema Nahtoderfahrungen, die ja auch meine eigene Frau machen konnte, beigetragen hat . Meine Leser wissen, daß ich mich als hoffnungslos - nein, das Wort ist falsch, hoffnungsvoll muß es heißen - mit Harmoniesucht behafteten Menschen sehe, und ich wiederhole auch hier noch einmal gern meine Überzeugung, daß der Mensch letztendlich doch auf Harmonie hin angelegt ist, auch wenn er sich immer wieder in dieser Beziehung als Unmensch entpuppt. Und das, zumindest, erwarte ich vom Jenseits: einen Zustand der Harmonie. Anita Morani war es – ich berichtete davon im Buch *Achtung, Baustelle* - , die nach ihrer Nahtoderfahrung als wesentliche Erfahrung und gleichzeitig als die Botschaft, die sie verpflichtete, in ihr altes Leben zurück zu kehren, verkündete:*"Der Himmel ist kein Ort, sondern ein Zustand"* . Eben, der Zustand der Harmonie, die Existenzform „grenzenlose LIEBE".

Und wenn Du fragst, lieber Leser, welche belastbaren Fakten ich für diese meine Überzeugung vorweisen kann, so bin ich gar nicht so in Verlegenheit. Ich muß dazu eigentlich nur auf das verweisen, was mich hier im Diesseits beglückt hat und noch beglückt. Wie Du vielleicht schon vermutest, spielen dabei die Musen eine wichtige Rolle, die ja auch nicht ganz zufällig Töchter der Götter genannt werden.

Vorrangig zu nennen sind die Gaben der Gefühlswelt. Es ist meines Erachtens nicht mehr so überraschend, wenn selbst die als „trocken" verschrienen Physiker proklamieren, daß die Sprache, mit der wir mit dem gesamten Kosmos kommunizieren können, unsere Gefühle sind. (*Unsere DNS ist der Zugang zu dem den ganzen Kosmos verbindenden Energiefeld…)*

Es dürfte wohl wenig Einspruch geben, wenn ich da an erster Stelle die Liebe nenne, dann die Freude, das Lachen und die Musik, dazu das Theater, den Tanz, das Schreiben, auch das Träumen, das ja eine Zugangsform in die Jenseitswelt genannt werden kann. Es wird ja häufig verkannt, daß das Träumen ohnehin schon eine höhere Bewußtseinsform gegenüber unserem Wachzustand darstellt. Auch ein gutes Essen und einen guten Wein würde ich dazu zählen. All das kann, sicher bei Jedem in unterschiedlicher Ausprägung und Umfang, Glücksempfindungen hervorrufen, die uns dem Göttlichen näher bringen. Schiller hat uns in seiner Ode an die Freude ja ein beredtes Zeugnis gegeben, mit kongenialer musikalischer Umsetzung durch den schon „ertaubenden" Beethoven, für mich eine der überzeugendsten Ausdrucksformen der uralten Sehnsucht des Menschen nach dem *„alle Menschen werden Brüder".* Ein eindrucksvolles Bild dazu ist für mich das, was man unter Schwarmintelligenz bei Fischen und Vögeln beobachten kann: das Zusammenfinden in einer neuen, größeren Identität, einem „höheren Wesen".

Ich glaube, es war wieder einmal Einstein, der den schönen Satz geprägt hat:

*Es gibt zwei Arten zu leben: entweder so, als wäre nichts ein Wunder, oder so, als wäre alles ein Wunder. Ich glaube an Letzteres.*

Dem kann ich mich nur anschließen.

Details meines Glücksszenarios will ich hier nicht preisgeben, aber ich bin sicher, daß Du, lieber Leser, Dir selbst eine Liste deiner Glücksmomente basteln kannst, die Deine Phantasie beflügelt, um so ein paar gedankliche Optionen für das Jenseits zu gewinnen. Höchstwahrscheinlich ist dann alles ganz anders, aber es geht ja auch nur darum, eine positive Erwartung zu generieren, um dem Tod einen Zipfel seines Allmachtsgehabes streitig zu machen. Ich traue es jedenfalls der göttlichen Schöpfungsmacht ohne weiteres zu, unsere beschränkten Erwartungen spielend zu übertrumpfen. Es sollte jedenfalls ausreichen, um dann mit Paulus sprechen zu können: *Tod, wo ist dein Stachel, Hölle, wo ist dein Sieg? (1. Kor. 15.55).*

Erneut habe ich Anlaß, mich über die Leichtfertigkeit mancher Medien gehörig zu erregen, wenn es um ein Thema geht, das auch nur ansatzweise in dem Geruch steht, mit Esoterik im Bunde zu stehen. Dabei handelt es sich diesmal ausgerechnet um das von mir schon lobend erwähnte *Publik Forum,* das sich kritisch, christlich und unabhängig nennt. In einem Artikel *„Ewig leben ist auch keine Alternative“* wird zu Recht beklagt, wie sehr unsere

Angst vor dem Tod unser Leben beeinflußt, gar zerstört; da wird der Wurm in unserem Herzen beschworen und Abwehrmechanismen diskutiert: wie können wir mit dem Wissen zu sterben in Frieden miteinander leben, hoffen und alt werden, ohne zu verzweifeln? Ja, es wird von einer beginnenden Rebellion gegen unsere Endlichkeit gesprochen. Und nachdem alle möglichen Ratschläge, die so auf dem Markt von den Gurus der verschiedensten Provenienz angepriesen werden, als wenig zielführend abgehandelt wurden, von Cecil Saunders, der Begründerin der Hospizbewegung, bis zu den Empfehlungen der Terror-Management-Theorie, lautet das Fazit: *„Leicht ist das alles nicht. Doch das ewige Leben ist auch keine Alternative, denn: Wie Vielen wird es noch der Mühe wert sein zu leben, sobald man nicht mehr stirbt?“* Was das allerdings mit dem „ewigen Leben“ zu tun haben soll, bleibt in dem Artikel absolut unerfindlich. Da hat wohl jemand Äpfel mit Birnen verwechselt. Aber immerhin typisch, daß von dem ewigen Leben im Jenseits schon gar nicht mehr expressis verbis gesprochen wird. Was war das noch gleich? so fragt schon die Jugend verständnislos. Da ist es ja dann kein Wunder, wenn der Tod sich in seiner Bedeutung und der Wichtigkeit seiner Rolle aufplustert wie ein eitler Pfau! Es wird wahrlich höchste Zeit, daß er sich einmal ein paar Nachhilfestunden geben läßt in moderner Physik und in zeitgemäßem Weltverständnis – und ganz viele von unseren mit Blindheit geschlagenen Zeitgenossen dazu!

Ja, das mußte ich jetzt unbedingt loswerden, auch wenn es an der Stelle nicht so ganz in die Logik des Gedankenflusses paßt. Eine Affirmation des bereits Gesagten ist es aber allemal.

## Der Todesfluß

Kehren wir also wieder erst einmal in etwas ruhiger fließende Gewässer zurück. Ich möchte Dich, lieber Leser, jetzt gern mitnehmen auf eine Fahrt auf dem Acheron, den Du ja schon kennengelernt hast, den Todesfluß der alten Griechen. Auch er hält nicht, was man erwartet, wenn man sich mit Pausanias, dem römischen Geschichtsschreiber auf den Weg macht, den Spuren der griechischen Antike zu folgen.

Als wir ihn im letzten Jahr vor dem Ausgang des vergangenen Jahrtausends befuhren, geschah das mehr zufällig. Wir, das waren meine Crew und ich auf einem weitgehend ziel- und planlosen Törn in der ionischen Inselwelt. Man hüpft dabei nicht nur von Insel zu Insel, man berührt auf dem Weg von Korfu zum Peloponnes auch immer wieder die Festlandsküste. Natürlich war auch diesmal nach dem Erreichen des abendlichen Ankerplatzes die Suche nach einer hübschen Taverne für ein standesgemäßes Fischessen die erste Pflichtaufgabe. Da drängte sich die Mündung eines kleinen Flüßchens nahe an unserem Ankerplatz für eine Fahrt mit dem Beiboot ins Land hinein regelrecht auf. Und wir haben den kleinen Ausflug auf dem schalen Bach – Fluß kann man guten Gewissens nicht dazu sagen – nicht bereut, so zauberhaft war sie. Wie unter einem Baldachin ging es langsam voran, da und dort mußten wir die Zweige, die das einfallende Licht der Abendsonne zu einem rotgoldenen Brokatmuster verwoben, erst zurückbiegen, um den Weg frei zu bekommen. Und alle paar Meter hingen im Geäst kunstvoll geflochtene Beutel herunter, die sich als Nester von Eisvögeln entpuppten. Es war so still und friedlich, daß wir uns direkt schämten, in den fast heilig erscheinenden Bezirk mit unserem knatternden „Stinker“ vorzudringen. Nach kurzer Zeit brachen wir auch unsere Erkundungsfahrt erfolglos ab; es war dann eben Abendessen an Bord angesagt. Und erst jetzt entdeckten wir, daß wir auf dem Acheron gefahren waren, und kramten die noch verbliebenden Erinnerungen der Schulzeit hervor, hatten wir doch drei Altphilologen an Bord. Die photographische Dokumentation des Ausflugs hatte wie immer unsere Gerlinde, die Mitseglerin der ersten Stunde, eingefahren, die von dem schönen Erlebnis noch lange hochbegeistert schwärmte. Zu eben dieser Gerlinde führt mich jetzt die traurige Pflicht zurück, denn ich muß von ihrem völlig unerwarteten Tod im letzten Jahr berichten; er erwies sich als so etwas wie ein Kristallisationspunkt in dem Geflecht unserer freundschaftlichen Beziehungen und liefert mir damit auch das Stichwort für meinen Versuch, eine neue Sozialphilosophie, die Hartmut Rosa vorgelegt hat, zu skizzieren und zugleich am Beispiel zu verifizieren.

## *Gerlinde*

Die Nachricht kam in Bruchstücken. Viele hatten sie aus der Zeitung, in der von einer 76 jährigen Münchner Pensionärin berichtet wurde, die beim Schwimmen im Walchensee ertrunken war. Ein Name war nicht genannt. Im Rundspruchverfahren erfuhr man dann, daß diese Frau unsere Gerlinde war. Aus der Allerweltsnachricht, wie sie in den heißen Sommerwochen häufiger in den Medien zu finden war, war für uns Freunde der Einschlag einer Bombe geworden, der von Neuem die stete Bedrohung der Existenz von jedem von uns augenfällig machte und uns mehr oder minder allen eine Zeitlang den Boden unter den Füßen entzog. Gerlinde war wohl für jeden der verschiedenen Freundeskreise, denen sie angehörte, die Verkörperung von Jugend und Gesundheit, von Frische und Unternehmungslust, im Kreis der meist etwas Älteren der Springinsfeld, der immer und überall die Umwelt sanft belebte.

Für mich war sie von einer Segelkameradin, die bei den Törns im Mittelmeer von Anfang an dabei war, zu einer lieben Freundin geworden, die einfach fester Bestandteil unseres Freundeskreises war, ganz selbstverständlich dazu gehörte. Deshalb fühlte ich mich als ihr Skipper gedrängt, sie bei ihrer Beerdigung sozusagen auch mit seemännischen Ehren von Bord zu geleiten.

Das geschah vor allem deshalb, weil Gerlinde seit dem Tod ihres langjährigen Lebensgefährten, Eberhard Sander, allein lebte und auch zunächst kein familiärer Hintergrund auf zu spüren war. Da außerdem die bei ungeklärten Todesfällen routinemäßig eingreifenden Behörden erst einmal alle Ermittlungen an sich zogen und damit auch keinerlei Informationen herausgaben, ergriff ein kleiner Kreis enger Freunde die Initiative für das weitere Geschehen. Es sah zunächst so aus, daß mangels direkter familiärer Bindungen „die Freunde" einzuspringen hatten. Daß daraus dann eine so würdige und schöne Beerdigung mit großer zahlenmäßiger, aber auch emotionaler Beteiligung wurde, war für alle eine erfreuliche Überraschung. Ich füge den Text meiner die Feier abschließenden Grabrede als Anhang bei.

Gerlindes tragischer, aber wie sich zeigte, auch versöhnlicher Tod , und die Fragen, die er zu ihrem Leben auslöste, trafen sich bei mir „wieder einmal zufällig" mit einem Buch, das mir meine Tochter Veronica zum Lesen empfohlen hatte, mit dem Titel *„Resonanz. Eine Soziologie der Weltbeziehung"* von dem schon genannten Hartmut Rosa. Damit bekam ich eine Klaviatur in die Hand, die ein weiteres Verständnis für meine selbst aufgestellte These, daß Resonanz eine Bedingung von Leben ist, ermöglichte. Und hier begannen die mein Leben bereichernden Dinge sich fast wieder zu überschlagen; wo trat das Wunder der Resonanz besonders in Erscheinung? Natürlich im Element Wasser.

Zitat aus meinem Buch *Nanne, die Königin von Saba:*

*Wie schon gesagt, es geht zunächst schlicht um Wasser, das dominierende Element der Schöpfung, und damit geht es auch schon um Kosmogonie, um Schöpfungsgeschichte, und darin um Chaos und Kosmos. Hegel hat es so formuliert:*

*„Die Welt wird aus der Grenzenlosigkeit und unentfalteten Totalität des Ur- Ozeanischen geschöpft, das heißt herausgeholt, herausgelöst, emporgehoben und schließlich geformt. Aus Chaos, dem Formlosen und Abgrundtiefen schlechthin, wird Kosmos, ein wohlgestaltetes Schmuckstück. Und wodurch geschieht diese Wandlung? Durch Schwingung und Resonanz."*

Das Beweisstück, Du wirst Dich vielleicht erinnern, sind u.a. die Wasserklangbilder des Herrn Lauterwasser. Ich meine, es lohnt sich, diese phantastische Zauberei der Natur (oder wie die Inder sagen, den Tanz der Gottheit) noch einmal zu reflektieren, zu meditieren. Da hast Du *des Pudels Kern, wie Goethe es nennt,* das Geheimnis der Schöpfung und des Lebens. Da ist es dann vielleicht keine Blasphemie mehr, in dem Ertrinkungstod Gerlindes so etwas wie ein mystisches Geschehen: die Rückkehr ins Numinose, zu erkennen. Wir haben ja inzwischen gelernt und hoffentlich verinnerlicht, daß alles mit allem zusammenhängt. Vielleicht hatte Gustav Mahler, als er seine Auferstehungssymphonie schrieb, auch schon die Erkenntnis dieser Zusammenhänge; ich habe ja in dem oben genannten Buch darüber geschrieben.

Allerdings fehlte mir zu dem Zeitpunkt noch die Kenntnis von dem soziologischen Beitrag des Herrn Rosa zu meinem Mosaik. Das gilt es nun in kurzen Zügen nachzuholen und entsprechend einzupassen.

Seine These lautet in einem Satz: ***ob Leben gelingt oder mißlingt, hängt davon ab, auf welche Weise Welt (passiv) erfahren und (aktiv) angeeignet oder anverwandelt werden kann.***

Es geht dabei um den Grad der Verbundenheit mit und der Offenheit gegenüber anderen Menschen. Wenn ich mit der Ausrüstung nur dieses einen Satzes das Leben von Gerlinde betrachte, komme ich zu dem überzeugenden Ergebnis, daß sie ein sehr gut gelungenes Leben beendet hat, ja, daß sie vielen von ihren Zeitgenossen da schon ein gutes Stück voraus war, denn da lag ganz offensichtlich ihre große Stärke. So wie sie nicht nur mit Neugier, sondern mit Anteilnahme, ja mit Emphase sich auf alles Neue einließ, es unvoreingenommen in sich aufnahm und in Resonanz trat, wo nötig auch in praktischer u n d seelischer Hinsicht Hilfe gab, das war schlicht vorbildlich. Ihre Welt war nicht von irgendwelchem Schubladendenken eingeengt, sie kannte keine Vorurteile. Das hat ihr die Welt geöffnet und überall Freunde gemacht. So wie Ken Wilber postuliert, daß es für größere Entwicklungsschritte in der Evolution immer schon einzelne Vorläufer geben müsse, die die anderen dann nachziehen, so war Gerlinde in meinen Augen eine Vorläuferin in Sachen „Weltaneignung“, ein Vorbild für das gelingende Zusammenleben unserer Gattung.

Das Buch von Hartmut Rosa, das sei noch gesagt, ist brillant und überzeugend, aber auch erschöpfend, es hat über 800 Seiten. Sicher ein Muß für Soziologen, aber nicht unbedingt als Unterhaltungslektüre zu empfehlen.

## Vom Töten

Erst relativ spät in meinen Betrachtungen stieß ich unvermittelt auf die Erkenntnis, daß Tod zwar ein überwiegend passiv erlittenes Geschehen darstellt, daß aber auch häufig ein aktiv Handelnder oder auch ein von außen wirkendes Ereignis für das Eintreten des Todes verantwortlich ist. Als Krimi-Leser kennt man den Spruch *„Der Mörder ist immer der Gärtner“,* aber so einfach ist diesem Aspekt unseres Themas nicht beizukommen. Ganz im Gegenteil! Genau genommen beginnt die Geschichte mit Kain und Abel, und dabei handelt es sich nur um die eine Geschichte, die in unseren mitteleuropäischen Breiten gehandelt wird. (Gen.1, Mose 4). Der inzwischen sich aus dem vermeintlichen Nebel der schriftlosen Vorzeit herauskristallisierende Tatbestand sieht allerdings ganz anders aus: töten gehörte wohl schon immer zum Handwerkszeug des Menschen, in welchem Stadium seiner Entwicklung auch immer. Und Kriege, das wußte schon Heraklit, galten als der Vater aller Dinge. Mir geht es aber nicht um eine Betrachtung der Geschichte, mir geht es um das schon von den Griechen her bekannte Motto des *„gnoti se auton“* , wie es über dem Orakel von Delphi geschrieben steht, ***das Erkenne dich selbst***. Und das nicht abstrakt, sondern ganz persönlich: was steckt in mir, das mich zum Mörder meines Bruders werden lassen könnte?

Ich weiß, auch das ist noch ein reichlich rhetorisch da so hin geplapperter Satz, der ebenso salopp wie ein Pot au feu auch wieder vom Feuer genommen werden kann. Was weiß ich schon vom Töten?

Dabei ist es mein Vater gewesen, der vor gerade einmal gut einhundert Jahren das Kriegshandwerk als seinen Beruf erkoren hat, und das absolut freiwillig, so wie ein anderer Metzger oder Zimmermann. Ja, nachweislich war es auch mein eigener Wunsch, den ich so etwa mit vier oder fünf Jahren in vollem Ernst von mir gab, daß ich einmal Soldat werden wolle. Ob ich damals überhaupt schon eine Vorstellung davon hatte, was das unweigerlich einschließen würde, kann ich nicht sagen; vermutlich war Tod und töten damals noch ein Fremdwort für mich, aber der Beruf war ganz zweifellos in meinen Augen ein angesehener, ja ehrenhafter, ebenso wie es das für meinen Vater in seiner Jugendzeit gewesen ist. Das war die Ernte einer Erziehung, die letztlich in dem Versprechen gipfelte, sein Leben für sein Vaterland zu geben, ohne zu zögern und gar mit Freude. Und das war nicht nur die Erziehung, die ich genossen hatte, sondern das ganze deutsche Volk; und nicht nur das deutsche! So kam es dann, daß die männliche Jugend aller Völker mit frohem Gesang ausgezogen ist, um sich gegenseitig abzuschlachten (1914 und sogar noch 1939). Und wofür? Für Gott, Reich und Vaterland, das gar als heilig bezeichnet wurde, lauter mehr oder minder leere Worthülsen für fragwürdige Werte, die eben nur als magische Attraktoren seit Jahr- hunderten, ja Jahrtausenden auf den Altar gehievt worden sind. Daß die Liste auch noch von einem Gott angeführt wird, ist purer Irrsinn, ist und war es doch vielfach derselbe Gott, dessen Beistand auch die gegnerischen Truppen erflehten! Ich meine mich zu erinnern, daß ich zum ersten Mal stutzig wurde, als ich als Kind erlebte, wie aufmarschierende Truppen samt ihren Waffen bei Kriegsausbruch von unseren Kirchenmännern in großem Ornat gesegnet wurden; es kann aber auch sein, daß es erst einige Jahre später war, daß ich davon irritiert wurde. Jedenfalls habe auch ich mitgejubelt, wenn im Radio in den ersten Kriegsjahren Sondermeldungen durchgegeben wurden, daß die deutsche Kriegsmarine wieder ein feindliches Schlachtschiff oder etwas dergleichen versenkt hatte. Daß dabei Menschen zu Tode kamen, Feinde, die es ja eh‘ zu vernichten galt, aber auch eigene Soldaten, war eine Petitesse negligeable, wie das elegant umschrieben wurde, groteskerweise französisch, damit es noch unverständlicher wurde. Ja, Krieg war das große Zauberwort, das alles umdrehte, was bisher gegolten hatte. Aber es war ja nichts Neues, war schon tief in den Genen verankert, von denen wir Kinder zwar noch nichts wußten, es aber trotzdem für die natürlichste Sache der Welt hielten.

Es hat lange gedauert, bis ich den Wahnsinn so richtig begriffen habe, genau genommen, bis ich einige Jahre nach Kriegsende durch die noch halb zerstörten Eingangstore des notdürftig wieder instandgesetzten Auditorium Maximum der Ludwig-Maximilians-Universität München durchschritt und an der Empore noch immer die Inschrift zu lesen war: *dulce decorumst pro patria mori, (es ist süß und ehrenvoll, für das Vaterland zu sterben).*

Nun gehöre ich einem sogenannten „weißen Jahrgang“ an, Kriegskinder, die nach einem Beschluß der Bundesregierung nicht mehr zum Dienst in der Bundeswehr (Dienst mit der Waffe!) herangezogen wurden. So stand ich also zum Glück nicht mehr vor der Entscheidung, diesen Dient zu erfüllen oder zu verweigern. Was hätte ich getan? Ich fürchte, ich hätte doch noch den alten Vorstellungen von Anstand und Ehre folgend die Waffe gewählt! Gewissen ist eine sehr zweifelhafte Institution und läßt sich fast mühelos übertölpeln! Inzwischen, ich will auch das noch einmal sozusagen in eherne Lettern gießen, lehne ich jede Art von Gewalt zur Lösung zwischenmenschlicher Probleme kategorisch ab, ja, ich gebe mich der Hoffnung hin, daß sich meine grundlegende Einstellungsänderung auch allgemein mehr und mehr durchsetzt. Erfreulicherweise ist das bei meinen Kindern durchweg der Fall und auch in deren Freundeskreis hat Gewalt nach meinem Dafürhalten keine Chance. Um so größer ist meine

Enttäuschung, daß davon generell zur Zeit keine Rede sein kann, daß viel mehr Ausgrenzung, Voreingenommenheit und Aggression gegenüber allem Fremden wieder zunehmend an Boden gewinnt und harmonisches Zusammenleben ins Abseits drängt. Doch will ich meine Betrachtungen von der Front jetzt nicht wieder über Gebühr damit belasten.

Wohl sollte dieses Kapitel nicht abgeschlossen werden, ohne wenigstens darauf hinzuweisen, daß da noch eine ganz wesentliche Frage gar nicht angesprochen, geschweige denn einer befriedigenden Antwort zugeführt ist. Es ist die philosophische Frage nach der Änderungsfähigkeit der menschlichen Natur, die Frage also, ob der Welt des Menschen überhaupt ein Spielraum mitgegeben ist, eine bessere werden zu können. Noch etwas präziser formuliert: ist das Böse in der Welt nicht vielleicht eine Konstante, die – allein um der Chancengleichheit unterschiedlicher Generationen wegen - für den Lauf der Dinge gebraucht wird!?

Ich will mich aber auch hier nicht um den Versuch einer Antwort drücken. Allerdings sollte ich schon vorherschieben, daß dieser Versuch eher den Stempel „Hoffnung“ verdient und jedenfalls weit weg von „Gewißheit“ angesiedelt ist.

Mein Vater, den ich immer wieder gern zitiere, weil mir sein Erfahrungswissen mit (meinem) zunehmenden Alter immer wertvoller und überzeugender wurde, hat, wenn es schon einmal um die Diskussion dieses Fragenkomplexes ging, das Stichwort von der Bewegung eines Pendels in die Debatte geworfen. Der Anschaulichkeit wegen sei gesagt, daß zu den prägendsten Einrichtungen meiner Kinderwelt eine klassische Pendel-Uhr gehörte, wie sie vermutlich damals zu dem absoluten „must" eines gehobenen Haushalts gehörte, natürlich mit einem schönen, raumfüllenden Glockenwerk. Und es versteht sich, daß der Betrieb der Uhr nur funktionierte, wenn das Federwerk von Zeit zu Zeit per Hand aufgezogen wurde. Das war eine der wichtigsten Aufgaben meiner Mutter, die sie sehr gewissenhaft auch immer selbst erledigte; ich meine, sie zog die Uhr immer auf, wenn sie vom sonntäglichen Gottesdienst zurück kam, ja, es kam einer Gottesdienst-ähnlichen Handlung gleich.

Diese Uhr war so etwas wie ein Symbol des Lebens: ihr Stehenbleiben bedeutete eine unübersehbare Bedrohung durch kommendes Unglück, gar mit dem Tod eines nahestehenden lieben Menschen. Und in unserem Plattenschrank befand sich seit Kindheitsgedenken eine Aufnahme des Liedes „Die Uhr von Loewe", gesungen von dem Bariton Heinrich Schlusnus, in dem er von der kaputten Uhr sang, die zu dem Meister gebracht werden mußte, der am Ende der Welt zu finden war. Ich kann das Lied noch heute auswendig und kann nur sagen, daß es, wenn es an hohen Festtagen gespielt wurde, seine Wirkung auf die Tränendrüsen nie verfehlte. Da stand dann jedem seine Endlichkeit unübersehbar vor Augen und der Tod hinter der Tür. So empfand ich das als Kind.

Fast ebenso einprägsam und bildhaft nachvollziehbar war sein kleiner Vortrag, wenn er die Ausschläge des Weltgeschehens am Perpendikel erklärte, also als ein physikalisches Prinzip, das naturgegeben und somit unabänderlich ablief. Na klar, der Schwung des Pendels schließt eben ein, daß es über die (gewünschte) Mitte hinausgetrieben wurde, bevor es wieder in die Gegenrichtung umkehren konnte, um dann auf der anderen Seite wieder über die Mitte hinaus zu schießen, so verstand ich diese Grundregel.

Diese wurde auch in Stellung gebracht, da bin ich mir ganz sicher, wenn es um die Machtübernahme durch Adolf Hitler – meist karikiert als Adolf Schickelgruber, wie diese Geißel der Menschheit (ein beliebter Ausdruck meiner Mutter) ja tatsächlich hieß – ging. Mein Vater versuchte damit Verständnis dafür zu wecken, daß das Pendelprinzip erforderte, diesem Mann einen Zeitvorschuß zuzubilligen, bis die Dinge sich „eingependelt“ hätten.

So wie ich damals als naseweiser Dreikäsehoch die Theorie meines Vaters verteidigte und auch übernahm, versuche ich die gegenwärtige Rückwärtsbewegung eines großen Teils der Menschheit auf dem Weg in eine bessere Welt mehr zähneknirschend als überzeugt, aber jedenfalls mit weltmännischer Geste für akzeptabel zu erklären. Das als Kind eindrücklich erlebte Ende des so katastrophal verunglückten Versuchs „tausendjähriges Reich" ist mit dem verharmlosenden Spruch „Gebranntes Kind scheut das Feuer" nur sehr unzureichend erklärt.

Daß mich dieser Versuch einer Antwort selbst nicht zufriedenstellt, hat mich in der letzten Nacht wieder einmal schlecht schlafen lassen. Vermutlich ist es einfach meine Ungeduld, die mir und einer besseren Antwort im Weg steht. Im Grunde weiß ich ja, daß die Evolution ziemlich lange braucht, um eine so gewichtige Änderung im Verhalten einer Spezies auch genetisch zu verdrahten, so daß sie zum „ererbten Besitz" wird, wie Goethe das so schön ausgedrückt hat. Die Spanne eines Lebens ist da einfach nicht der richtige Maßstab, um über Erfolg oder Mißerfolg eines neuen Versuchs ein Urteil fällen zu können. Versteh' das doch endlich einmal, so klang es noch in meinen Ohren, als ich aufwachte. Also Freunde, nicht irre machen lassen, weiter an das Gute glauben, es tun und es verbreiten!!!

Daß dem Tod das nicht in seine Karten spielt, ist meinerseits natürlich hoch erwünscht, sollte ihn aber nicht allzusehr beunruhigen – er bekommt sie ja „schlußendlich" – diese schweizerische Formel finde ich an der Stelle sehr passend - doch alle. Wie es aussieht ist aber auch er mit unersättlicher Gier ausgestattet und steht in dieser Beziehung auch nicht besser da als seine menschlichen Opfer. Etwas ketzerisch gesagt: bei mir stellt sich so dann und wann der Argwohn ein, daß auch er nur eine handgeschnitzte Puppe darstellt auf der großen Bühne dieser Welt! Immerhin führt dieser Gedanke ziemlich direkt zu der Frage: was wissen wir eigentlich von seiner Vita, seinem Anfang und seinem Ende?

## Vom Anfang und vom Ende

Gefühlsmäßig will es mir scheinen, daß jetzt genug von unserer Endlichkeit die Rede war. Wie steht es aber mit der Endlichkeit des Todes? Die Frage muß doch mindestens erlaubt sein!

Allerdings besteht die Gefahr, daß sie zu steilem Schwindel erregt, ja zu der Kategorie der Rätselfragen gehört, die einen Ohnmachtsanfall nach sich ziehen können. Diese Anspielung auf eine der biblischen Geschichten muß ich wohl noch einmal kurz erläutern, denn diese Szene ist vermutlich selbst „bibelfesten Christen“ kaum bekannt; gerade mal Opernfans, die auf Oratorien von Händel stehen, haben vielleicht schon mal etwas davon gehört.

Also: es geht um zwei alttestamentliche Figuren, die beide als die größten Weisen ihrer Zeit bekannt waren und zum Wettstreit antraten, wem denn nun der Siegerlorber gebühre. Nun, es ist beste Sendezeit für Rätselfreunde, die Sendung kann beginnen:

Klar, der weiseste Mann, das ist noch recht einfach, ist natürlich König Salomon, nach Saul und seinem Vater David der dritte König in Israel. Und wer will es selbst überprüfen, ob er tatsächlich der weiseste Mensch der damals bekannten Welt ist? Es ist eine Frau, und sie ist ebenfalls aus königlichen Geblüt: die Königin von Saba. Sie unternimmt eine weite und gefährliche Reise, um Salomon in Jerusalem zu besuchen. Die Fragen, mit denen sich die beiden nun gegenseitig prüfen, sind nicht alle überliefert, aber in allen Quellen wird eine davon erwähnt, die die Königin von Saba stellt, indem sie Salomon über das Wesen seines Gottes befragt. Was sie vermutlich nicht wußte, ist, daß sie damit ein Tabu berührte, das es jedem Israeli verbot, sich eine Bild von seinem Gott zu machen. Und wie löst man solch eine Situation? Eben durch einen Ohnmachtsanfall. Auf der Bühne sind es bei uns bekanntlich eher die Frauen, die diesen Trick beherrschen, in Israel aber war es ein Mann, ein König, und noch dazu der weiseste von Allen. Eine interessante Szene, nicht? Die spannende Frage nach dem Wesen Gottes bleibt offen, die Sendung aber geht ganz irdisch zu Ende: die beiden Weisen zeugen gemeinsam einen Sohn, den Menelik, der dann der Urvater aller weiteren Könige der Sumerer wird und in gerader Linie noch auf den heutigen König von Äthiopien zurückgeführt wird. So zumindest lautet eine der dortigen Überlieferungen.

Aber was soll diese Geschichte, wirst Du vielleicht fragen. Tatsächlich steht sie hier aus einem guten Grund. Sie steht für eine sehr tiefe Weisheit – bei so weisen Protagonisten ja auch kein Wunder – die etwas von der Unterschiedlichkeit der „Begriffsvermögen“ auf unterschiedlichen Bewußtseinsstufen aussagt. In fast allen Religionen gibt es die Warnung, sich dem Göttlichen nicht zu weit zu nähern, da sonst mindestens Erblindung (Teiresias!) oder gar Tod droht, ja, man könnte es so ausdrücken, daß der direkte Kontakt mit dem Numinosen von einem Angehörigen einer niedrigeren Bewußtseinsstufe nicht ertragen werden kann. Ganz stark tritt das im Alten Testament in Erscheinung. Da verbirgt sich Gott dann lieber in einem brennenden Dornbusch. Allerdings muß das nicht immer so gewesen sein, denn in der Paradiesgeschichte wird ja davon gesprochen, daß Gott und die ersten Menschen anfangs zusammen in einem Garten gewohnt und sich Aug in Aug gegenüber gestanden haben. Erst nach der Vertreibung infolge des Sündenfalls, nach dem Essen vom Baum der Erkenntnis, endet dieser paradiesische Zustand. Und erst ab dieser Tat des Ungehorsams kommt der Tod in die Welt, so ist die theologische Deutung: die Einheit ist verlorengegangen, dafür ist die Erkenntnis von Gut und Böse gewonnen.

Bis hierhin kann ich dieser Erklärung der Geschichte noch so gerade folgen, doch dann streikt mein Erkenntnisvermögen, aber auch mein theologisches Wissen. Die Zeiten, wo ich mich berufen fühlte, den unzähligen ungeklärten Rätseln und ihrer Deutung in der Religion ein Stück näher zu kommen, ist gute 70 Jahre vorbei. Ich muß auch zur Kenntnis nehmen, daß die Ohnmacht Salomons mehr ist als ein Theatereffekt. Immerhin meine ich, daß die Geschichte vom Tod, der da wie die Jungfrau zum Kind durch die Schuld der „Ureltern“ plötzlich in die Welt kam und erst ab da seinen unverdienten Nimbus erwarb, ein bedenkenswertes Gedankenmodell ist und insofern in meine Betrachtungen hineingehört.

Aber das ist ja erst die „ halbe Miete“, denn da gibt es ja auch noch die Geschichte vom „Ende der Geschichte“, die allerdings noch etwas größere Verständnisprobleme mit sich bringt. Auch hier will ich nur kurz verweilen, um so mehr als mein Wissen dazu noch geringer ist als bei den Schöpfungsmythen. Als Denkmodell mit all seinen Beschränkungen im Hinblick auf unser Begriffsvermögen sei es aber, zum Kontext passend, den Berichten der Genesis beigefügt.

Soweit ich weiß, ist die Verkündigung des Johannes in der Offenbarung weltweit ein Unikat, zumindest was die Menge und Vielfalt der Bilder und Zeichen angeht, die da vorgeführt werden, was allerdings auch zu Lasten der Entschlüsselbarkeit geht. Ich hätte zwar eine liebe Freundin, Edith Krispien, an der Hand, die sich ihr Leben lang mit diesem Riesenthema beschäftigt und auch einige Bücher darüber veröffentlicht hat, an deren meditativen Erkenntnissen ich durch einige Seminare teilhaftig wurde, aber ich fühle mich nicht dazu berufen, hier den Dolmetscher zu geben.

Zur Logik des Anfangs in der abrahamitischen Kosmologie gehört aber jedenfalls ein Hinweis auf das Ende des Todes. In der endzeitlichen Vorstellung der Bibel wird ja das Paradies wieder hergestellt, damit auch die verlorengegangene Einheit der Schöpfung mit einem Zusammenleben von Schöpfer und Geschöpfen auf einer neuen Erde (!). Und das davor stattfindende Gericht wird nach dieser Vorhersage die Existenz des Todes auch wieder beenden, indem er so wie auch alle höllischen Mächte dem Feuersee übergeben wird. Er wird ab dann nicht mehr gebraucht, denn dann beginnt ja erst das eigentliche „ewige Leben“.

Nun, für mich ist es nicht von Bedeutung, was da alles so spekuliert und angekündigt wird. Diese Art von Ohnmacht glaube ich mir ersparen zu können. Aber auch hier ein „Immerhin“:

Immerhin ist es ja nicht ganz unerheblich, im Hinterkopf zu haben, daß zumindest von dieser Seite her kein neues Ungemach droht, sondern im Zweifel ein Ende in Harmonie erwartet werden darf.

Damit kann ich ganz gut leben; was der Tod dann zu erwarten hat, ist nicht mein Problem!

Jetzt habe ich allerdings vieles unterdrückt, was in „heiligen Schriften“ zu der Frage gesagt ist, die zu allen Zeiten die Menschheit bewegt hat: was kommt nach dem individuellen Tod? Aus der Bibel sind mir da sehr wohl wichtige Aussagen geläufig, vor allem in Form von Antworten Jesu auf die ihn bedrängenden Fragen seiner Jünger: Herr, wo gehst Du hin? Und selbstverständlich beruhigt da seine Antwort auch mich, daß im Himmel keine Wohnungsnot herrsche. Ich bitte Dich aber um Verständnis, lieber Leser, daß ich in meiner kleinen Schrift nicht darauf eingehen will; ich bin ja schließlich kein Interpret dessen, was zu welcher Zeit und in welcher Gegend da so gedacht, gesagt und aufgezeichnet wurde; und erstrecht verfüge ich über keine Eingebungen, aus welchen Quellen auch immer, aus denen ich der staunenden Öffentlichkeit neue Informationen in dieser Sache weitergeben könnte. Dementsprechend verweise ich auf entsprechende Publikationen dazu Berufener, die sich mit diesen und ähnlichen religiösen Fragen ein Leben lang beschäftigt haben und mit mehr Wissen und hoffentlich auch mehr Überzeugungskraft auftreten und argumentieren können als ich. Eine Warnung möchte ich dazu aber als Beipack mitgeben: viel mehr als Spekulation dürfte wohl nicht zu erwarten sein, trotz aller behaupteten „Doppel-Blindversuchen" in sogenannten wissenschaftlichen Studien. Meine Skepsis auf diesem Gebiet ist immens, ich darf mich da wirklich nicht als „gläubig" bezeichnen, und diesmal paßt der Spruch vom „gebrannten Kind" weitaus besser als vorhin. Eine religionstheoretische Streitschrift zu schreiben war aber auch nie meine Absicht.

Dagegen möchte ich, sozusagen aus meiner Hausapotheke, doch noch ein Kapitel anfügen, das meines Erachtens bei meiner eher „faustisch" zu nennenden Grenzbetrachtung nicht fehlen darf:

Was bedeutet der Verfall der Religion für die Herrschaft des Todes? Auch in diesem Fall will ich einfach von meinen eigenen Erfahrungen berichten, anschließend an meine Betrachtungen, die ich im Buch *„Achtung Baustelle. Vom Wandel meines Gottesbildes“* niedergelegt habe. Ich hoffe, daß meine Leser sich da selbst eher wiederfinden als in der „grauen Theorie“.

## Der Tod und das Gottesbild

Vielleicht bist Du erschrocken, lieber Leser, als ich vorhin von einem Stellvertreterkrieg gesprochen habe, ich habe selbst auch gezögert, aber der Begriff drängt sich mir richtig auf, denn es geht ja meist gar nicht in erster Linie um den Tod, es geht um die Existenz eines Jenseits, es geht letztlich um diesen Gott, die Person oder Institution, ob himmlischer Vater, Allah oder auch nur „Intelligentes Design“, also um die Frage: gibt es eine höhere Wirklichkeit als die, die wir kennen? Der Tod, so haben wir ja gerade gesehen, ist nur ein „Handlanger“.

Ich gestehe, daß ich mich kaum je so unwohl gefühlt habe, als bei der Beerdigung meines Freundes Herbert Kromann, des Theatermannes, von dem schon die Rede war. Wir haben ein Leben lang miteinander gestritten, sehr anregend meist, aber manchmal auch sehr erbittert. Seine Position, die im Laufe unseres Dauer-Duells immer deutlicher zu Tage trat, war die: Einen Gott kann ich nicht akzeptieren angesichts der erbärmlichen Fehler, die bei der Erschaffung der Welt gemacht wurden, angesichts des Leids, der Ungerechtigkeit und des Todes. Ähnlich erbärmlich fühlte ich mich, daß mir kein besseres Argument beim Abschied an seinem Grab einfiel, als auf die das irdische Dasein beherrschenden Gesetze der Dualität hinzuweisen, deren Logik aus der Existenz eines Diesseits zwangsläufig auch die Existenz eines Jenseits folgert. Ich gebe den letzten Austausch unserer langjährigen – und die Freundschaft eher befeuernden als behindernden - Diskussionen wieder, weil sie einen Einstieg zu dem Kapitel bietet, in dem ich der Frage nachgehen will, was sich geändert hat in der Beziehung zwischen Gott und Welt in den letzten 100 bis 200 Jahren.

Auch mit dieser Frage berühre ich ein weites Feld, das ich nur in seinen Umrissen skizzieren kann, dessen Deutung den Fachleuten der verschiedensten Wissenschaften überlassen bleiben muß, wobei freilich noch lange nicht garantiert ist, ob dabei ein „nachhaltiges" Geschichtsverständnis herauskommen wird. Mein Beitrag kann wie schon gesagt, allenfalls die Schilderung eines latenten, aber gigantischen Verfalls sein, wie ich ihn erlebt habe.

Das Faktum, das mich berechtigt, das Wort Verfall zu verwenden, dürfte wohl weitgehend unbestritten sein. Die **Entzauberung der Welt, von der Soziologe Max Weber** schon vor mehr als 100 Jahres sprach, ist ja so etwas wie ein Oberbegriff für Säkularisierung, Kapitalismus, Gewinnsucht und Berechenbarkeit der Welt. Damit einher ging der totale Verlust der Magie und eben auch der Verfall der Religion. Ein Rückgang der Zahl der Gläubigen aller Religionen, leere Kirchen und nicht zuletzt eine Tabuisierung des Todes sind äußere Zeichen dafür.

Für den Schöpfer, so könnte man es in einem Satz sagen, ist kein Platz mehr in seiner Schöpfung.

Dabei, doch das macht die Sache nicht besser, war es nach meinem Empfinden ein Niedergang gegen Geist und Willen, ja, ein schieres Überwältigt-werden von Zeitgeist und, wie meine Mutter sagen würde, von den Kräften des Bösen. Dabei gab sie bis an ihr Ende die entschiedene Heerführerin eines beachtlichen Widerstandsnests, weit über die Familie hinaus.

Die Voraussetzungen für ein siegreiches Bestehen aller Anfechtungen waren außerdem bestens. Ihre familiären Wurzeln lagen in Sontheim bei Heilbronn, einem Sitz des Deutsch-Herren-Ordens über Jahrhunderte, der noch zur Wende vom 19. Ins 20. Jahrhunderts vom Geist der Ordensstadt geprägt war. Der „lutherische Ungeist" konnte erst mit der Industrialisierung im Vorfeld des ersten Weltkriegs Fuß fassen und lange nicht gegen die mächtige Phalanx des alteingesessenen Establishments ankommen. Der Sitz der Familie Hehn, aus der sie stammte, war unterhalb von Kirche und Ordenssitz das erste Haus im Ort, zugleich mit einer Art Erbpacht für das Amt des Feuerwehr-Kommandanten, gleichzeitig für den bedeutendsten Weinbaubetrieb in der ganzen Gegend mit Küferei, Mosterei und Schnapsbrennerei. Die weitverzweigte Familie stellte nicht wenige Priester und Ordensleute, ja selbst ein Bischof und eine Äbtissin gehörten zu Repräsentanten der geistigen Speerspitze des Glaubens. Ich habe erst relativ spät erfahren, daß ausgerechnet mein Vater ein Lutherischer war, der das aber gut zu kaschieren wußte, immer mit in die katholische Messe ging, seine Frau, von der er manchmal sagte, daß sie auch das Zeug zum Papstberuf habe, in allen Glaubens- und Erziehungsfragen in der Familie unbeschränkt schalten und walten ließ, schließlich auch, dem Herzenswunsch seiner Frau folgend, in hohen Jahren noch die Fahne wechselte. Ich habe in meinem Buch *„das Leben meiner Eltern“* mehr darüber erzählt, will aber hier noch einmal festhalten, daß sie wie ihre Namenspatronin, die heilige Johanna von Orleans, sich manchmal auch alleine dem Erzfeind Adolf entgegen zu stellen bereit gewesen wäre, wenn sie mein Vater nicht energisch zurückgehalten hätte. Ich folgte ihr wie ein treuer Knappe und zog auch meine eigene Familie mit, bis die Enkel groß und meine Mutter hinfällig geworden war, auch wenn sich zunehmend in der Familie gegen das häusliche Beten Widerwille breit machte.

Zu erwähnen ist aber noch, daß meine Kindheit und Jugend sowie auch das meiner Kinder und Enkel im Umfeld der Kirche – in Großhesselohe war es über mehrere Jahrzehnte hinweg tatsächlich „in ihrem Dunstkreis“, denn unser 1952 gebautes Haus grenzte unmittelbar an den Pfarrgarten an, - eine glückliche Zeit war und auch meine Ehe mit der

Düsseldorferin Marianne, die sich ja bis zum Tod meiner Eltern im gleichen (Zweifamilien-)Haus abspielte, in großer Harmonie und auch ohne größere Glaubenszweifel verlief.

Wie kam es dann zu dem Verfall des Glaubens, höre ich Dich fragen. Ich weiß es eigentlich selbst nicht so recht. Ganz sicher spielen da eine Vielzahl von Einflüssen eine Rolle, die von der sich verändernden Umwelt ausgingen, aber auch zunehmende Zweifel an der Verkündigung der göttlichen Botschaft katholischer Prägung nährten. So wurde für mich immer deutlicher sichtbar, daß meine Kirche sich als ein sehr menschliches Konstrukt erwies und keine Legimitation besaß, sich die alleinseligmachende zu nennen. Noch weit schlimmer war die Entdeckung, daß das Wirken der Kirche, richtiger: aller Kirchen, der Menschheit in der Vergangenheit mehr Unglück als Segen gebracht hat. Schließlich auch die Enttäuschung, daß das Zweite vatikanische Konzil, an dem wir uns als Mitgestalter in Form der neuen Liturgie sogar beteiligt fühlen durften, zunehmend im Sande verlief; auch das neu verkündete Dogma von der leiblichen Aufnahme Mariens in den Himmel war ein schwerverdaulicher Brocken, der die Waagschale erheblich einseitig belastete. Überhaupt „Maria“: wenn das Sopran-Solo *„et incarnatus“* des Credo bei einem festlichen levitierten Hochamt noch so berückend erklang, rutschte der Pegel meiner Wundergläubigkeit schon beim nächsten *Satz „ex Maria virgine"* gleich wieder in den Keller. Ja, die so hochgelobte Aufklärung, da hat Max Weber schon recht, hat jeder Art von Magie den Nimbus geraubt.

Ich will auch nicht verhehlen, daß ich als Insider und Darsteller am Altar zwar immer bemüht war, eine makellose Show abzuliefern, das Innenleben davon aber sehr selten berührt oder gar geknackt wurde. Die Seele ist da letztlich ziemlich verkümmert.

Neben diesen religionsinternen Gründen sehe ich aber durchaus, daß der Zeitgeist immer ungenierter die lästigen Randbedingungen des Glaubens unterminierte, so die Pflicht zu sonntäglichem Kirchgang, die strikte Beibehaltung moralischer und sexueller Verhaltensregeln, die offensichtliche Sinnlosigkeit des Zölibats mit ihren katastrophalen Folgen, von denen ich selbst allerdings nichts direkt mitbekommen habe. All das summierte sich in einem immer schwerer zu schleppenden Rucksack, ja, und eines Tages stellte auch ich fest, daß Gott so ziemlich aus meinem Leben verschwunden war und ich stellte den Rucksack mit einem deutlichen Gefühl der Erleichterung in die Ecke. Das heißt nicht, daß Gott nicht mehr der Mittelpunkt meines Glaubens wäre, aber der *Glaube als Zentrum des Lebens* hat sich sozusagen verflüchtigt, er hat seinen festen Ort in Familie und Umwelt verloren, er ist auch kaum noch Thema in freundschaftlichen Gesprächen, er ist abgewertet zu einem Relikt auf dem Friedhof bei der Beerdigung eines nahestehenden Menschen. Oder, was auch nicht gerade die Vorstellung einer blendenden Karriere erfüllt: er ist zur Witzfigur a la Boandlkramer verkommen. So gesehen, kann er einem ja richtig leid tun; doch das sagte ich schon.

Und damit bin ich wieder beim Thema.

Fazit: wenn schon das Gottesbild dermaßen unter die Räder gekommen ist – und ein Ende dieses Prozesses scheint mir nicht in Sicht – darf man sich ja eigentlich auch nicht wundern, wenn unsere Gesellschaft auch mit dem Jenseits nicht mehr viel anfangen kann. So gesehen ist der Tod für Viele eben die letzte Station der Reise, ein Darüber-hinausdenken unergiebig, ja sinnlos.

Und unser Blick über den Zaun, wie steht's mit dem? Ist der auch beendet?

Falls ich jetzt die Feder aus der Hand lege, befürchte ich, von Dir, lieber Leser, fahrlässiger Flüchtigkeit geziehen zu werden, denn in der Tat fehlte dann ein Kapitel zu einem Thema, das Dir möglicherweise schon lange im Magen liegt: was ist denn eigentlich die Seele? Und wo bleibt sie nach dem Tod, falls es sie denn überhaupt gibt? Tatsächlich würde ich mich gern um dieses „Hammerthema“ herumdrücken, denn ich habe da im Grunde das gleiche Bauchweh, ich sehe kaum einen hellen Schimmer am Ende des Tunnels. Andererseits lasse ich mich nicht gern als Feigling bezeichnen, und oft habe ich ja auch schon erlebt, daß mir letztlich doch von irgendwo her Hilfe geboten wurde.

## Von der Seele

*Alles Sehen kommt von der Seele.*
*Helen Keller*

Wieder einmal habe ich ernsthaften Anlaß, eine Warnung auszusprechen. Für erfreulicherweise doch noch sehr viele Menschen ist das Bewußtsein, eine Seele zu haben, noch ein glücklicher Besitz, und ich möchte nicht das Risiko eingehen, da Zweifel zu säen. Wenn Du, lieber Leser, zu jenen Glücklichen gehörst, dann empfehle ich Dir, dieses Kapitel zu überschlagen, es könnte Dich sonst verunsichern. Tatsache ist aber, daß es kaum ein zweites Thema gibt, das so kontrovers diskutiert wird, wie eben dieses, und zwar zu allen Zeiten und in allen Religionen. Ja, auch in den Christlichen Religionen habe ich keine eindeutige Antwort auf die Frage gefunden, wo die Seele eines neugeborenen Kindes herkommt, noch wann sie ihren Bestimmungsort erreicht und wo sie dann im Körper wohnt, geschweige denn, wo sie nach Beendigung der eingegangenen irdischen Inkarnation wieder „Wohnsitz nimmt". Sicher, es gibt da schon Lehrmeinungen dazu, aber ganz eindeutig zu viele, die heftig miteinander konkurrieren. Und das begann schon weit vor Christi Geburt, und es sieht nicht so aus, als daß in absehbarer Zeit klare Verhältnisse erwartet werden dürfen.

Immerhin – das tröstliche Wort ist hier wiederum angebracht – kann sich wenigstens in unseren Breiten wohl eine Mehrheit darauf verständigen, daß jeder Mensch zu Lebzeiten über eine Seele verfügt und nach meinem Gefühl auch noch eine Mehrheit davon ausgeht, daß sie den Tod des Leibes überlebt, also unsterblich ist. Zahlen, die diese Vermutung belegen, habe ich allerdings nicht.

Was aber auch im katholischen, meinem angestammten Ritus, nicht eindeutig ausgesprochen wird, ist, was mit der Seele passiert, wenn sie den Leib verlassen hat. Wohl wird auf die Auferstehung Jesu hingewiesen, von der ja in den Evangelien mehrfach die Rede ist, von der Rückkehr zum Vater durch seine Himmelfahrt, doch das traut sich heute von den Kirchenmännern keiner so richtig zu sagen. Vorsicht ist da auch geboten, denn einen Ort zu benennen, wo sich die bereitgestellten Wohnungen befinden könnten, ist spätestens seit den ersten Ausflügen der Erd-Astronauten in den Weltraum nicht gut möglich, und wo „zur Rechten des Vaters" ist, läßt auch keine gesicherten Rückschlüsse zu. Es ist ein allgemeines Stochern im Nebel; der Witz in meiner Jugendzeit, bei dem die Menschen neugierig eine hohe Fahnenstange erklimmen, an deren Ende sich ein Schild befindet „Ende der Fahnenstange", kann auch nicht mehr groß zur Erhellung und Erheiterung beitragen.

Doch der Gläubige ist ja Kummer gewöhnt, hat er doch sein Leben lang immer wieder lernen müssen, daß die Aussagen der Bibel nicht so wörtlich zu nehmen sind, wie sie noch in seiner Kindheit verkündet wurden. Ich möchte auch hier zum wiederholten Mal darauf hinweisen, daß die Rührstücke mit dem heiligen Nikolaus oder dem leibhaftigen Christkind und auch dem Osterhasen, die da Jahr für Jahr aufgeführt wurden und werden, die Glaubwürdigkeit des heiligen Geschehens nicht sehr positiv befördert haben, wenn sie denn einmal als sehr irdisch entlarvt waren. Als Mitwirkender beim Altardienst könnte ich noch so manche Storries erzählen, was da so bei den pompös ausgestatteten Stücken des Kirchenjahres „getürkt" wurde. Da möchte man es fast als ein Wunder bezeichnen, daß jedenfalls zu Weihnachten die Kirchen immer noch brechend voll sind; das Wort Rührstück habe ich nicht ohne Absicht verwendet!

Nun, aufgeklärte Interpretation des jenseitigen Fortbestehens religiösen Lebens weiß natürlich, daß es sich bei den biblischen Darstellungen um Bilder handelt, die im Umfeld und in der Zeit ihres Entstehens zu sehen sind und dementsprechend um-interpretiert werden müssen. Wie sinnvoll erscheint da das anfängliche Verbot der Bibel, sich ein Bild von Gott zu machen, das für menschliche Wahrnehmung einfach unerträglich und auch unverstehbar war. Übersehen wird dabei freilich, daß auch die menschliche Wahrnehmung im Zuge der Evolution sich ändert, das Wissen um die Welt und ihre Geheimnisse „mitwächst“ und andere Deutungen ermöglicht. Viel weiter gekommen sind wir allerdings damit noch nicht, das sei zugegeben.

Jetzt habe ich, so scheint es mir, meine Beweisführung wieder etwas vorschnell abgebrochen, wollte ich doch den Blick auf ein anderes Feld richten, wo der Blick über den Zaun weniger mit den Augen, sondern mehr mit dem Herzen erfolgt. Saint Exupery hat uns ja schon gelehrt, daß man mit dem Herzen besser sieht!

Es gibt da übrigens mehrere Wegzeichen, die da in die gleiche Richtung deuten. So habe ich gerade bei Hirnforschern und Zukunftsdeutern Bemerkungen gefunden wie „wir haben in der jüngsten Vergangenheit wohl zu sehr den Hirnbereich des Neocortex beachtet und müssen uns jetzt wieder mehr mit der Heimat der Gefühlswelt beschäftigen“ – genannt sei nur der Biologe Ulrich Warnke – ; außerdem sagte ich ja bereits , daß unsere Kommunikation mit dem göttlichen Feld sich vorwiegend der Sprache der Gefühle bedient. Und genau das ist es auch, was bisher in meiner Betrachtung zu kurz gekommen ist. *Kunst als Ausdrucksmittel der Seele,* so etwa könnte die Überschrift eines noch zu schreibenden Kapitels lauten. Das könnte dann gut und gern eine eigene Bibliothek füllen.

Ich bin sicher, daß Du, lieber Leser, auch selbst auf diesem Gebiet fündig wirst, wenn Du einmal in Ruhe Deine Schatztruhe an musikalischen, literarischen und bildnerischen Erinnerungen durchforstest.

Aus meiner eigenen Sammlung, die gerade nach dem Tod meiner Frau erheblich angewachsen, ja, mir zugewachsen ist, erlaube ich mir, eine besonders strahlende Perle heraus zu greifen und Dir als kleines Abschiedsgeschenk zu überreichen. ( Ich bitte um Nachsicht, falls Du diesen Abschnitt im Buch *Nanne. Die Königin von Saba.* schon einmal gelesen haben solltest.)

*Zitat :*

Und so fühle ich mich jetzt aufgefordert, den Griffel noch einmal in die Hand zu nehmen, um von der Zuspielung des Materials für den Schluß meiner Betrachtung zu berichten, die sich vor wenigen Tagen ereignet hat.

Anlaß dazu gab mir noch einmal die Muse, die ihren Ursprung im griechischen Götterhimmel schon im Namen der nach ihr benannten Kunst verkündet, die Musik. Und das Stichwort heißt: ***UR-LICHT.***

Ich vermute, daß Dir dieses Stichwort zunächst nicht viel sagen wird, was durchaus keine Schande ist. Mir ist es zum ersten Mal vor sicher mindestens dreißig Jahren begegnet in einer fulminanten Aufführung der zweiten Sinfonie von Gustav Mahler in der Berliner Philharmonie: der sogenannten Auferstehungs-Sinfonie, die ich zusammen mit meiner Frau erleben durfte. Vor ein paar Tagen übertrug der Bayerische Rundfunk in seinem Klassik-Programm diesen gewaltigen Koloß von Musik, für den ich keine annähernd hinreichende Charakterisierung finde. Soweit ich weiß, ist es die einzige Sinfonie, die fünf Sätze hat und eine der wenigen, in der die *Vox humana* eine der tragenden Säulen ist. Und ich habe bei Google gelernt, daß Mahler das Ziel verfolgte, mit dieser Sinfonie eine Verschmelzung aller musikalischen Materialien zu einem Universalkunstwerk zu erreichen. Ich kann nur empfehlen, sich mit diesem epochalen Werk intensiver zu befassen.

Mir geht es hier aber weniger um die musikgeschichtliche Bedeutung, sondern um eine Deutung dieses Bausteines als Abschluß meiner *Weise von Liebe und Tod,* die ja unversehens über den Rahmen eines individuellen Nachrufs ein Stück weit ins Generelle hinausgewachsen ist. Groteskerweise wird der Tod damit aber erstrecht ungemein persönlich, denn er meint letztlich immer den Einzelnen, also mich und Dich, den „Jedermann“ des Hugo von Hofmannsthal. So wie es wohl auch Gustav Mahler mit seiner Auferstehungssinfonie gesehen hat. ***Sterben werd ich, um zu leben*** aus dem Gedicht von F. G. Klopstock, das er als Motto im fünften Satz als Verheißung für eben Jedermann einsetzt und in einer machtvollen Apotheose ausklingen läßt. Bedeutsam ist dabei, daß Mahler von dem Gedicht von Klopstock nur zwei Strophen verwendet, den Rest aber selbst ergänzt hat und sich dabei ganz von der damals üblichen martialischen Schilderung des „letzten Gerichts“ abwendet. In dem Booklet zu der Aufnahme des Werks unter dem Dirigat von Christoph Eschenbach heißt es: *„Auferstehen , ja auferstehen wirst du! Da erscheint die Herrlichkeit Gottes! Ein wundervolles, mildes Licht durchdringt uns bis an das Herz – Alles ist stille und selig! – Und siehe da: es ist kein Gericht – Es ist kein Sünder, kein Gerechter – kein Großer und kein Kleiner – Es ist nicht Strafe und nicht Lohn! Ein allmächtiges Liebesgefühl durchleuchtet uns mit seligem Wissen und Sein!“*

Der eigentliche Berührungspunkt zu meinem Thema liegt aber schon davor im vierten Satz, der mit ***Urlicht*** überschrieben ist. Es handelt sich um ein Gedicht aus *Des Knaben Wunderhorn,* das von einer Alt-Stimme gesungen wird und zum Dreh- und Angelpunkt der ganzen Sinfonie wird. Mahler schrieb selbst dazu: „Das Urlicht ist das Fragen und Ringen der Seele um Gott und um die eigene göttliche Existenz über dieses Leben hinaus“. Der Text des Lieds, das die Herkunft aus einer Sammlung von Liedern aus dem deutschen Volksliedschatz des achtzehnten Jahrhunderts (Romantik) nicht verleugnen kann, lautet:

O Röschen rot,
Der Mensch liegt in größter Not,
Der Mensch liegt in größter Pein,
Je lieber möchte ich im Himmel sein.
Da kam ich auf einen breiten Weg,
Da kam ein Engelein und wollt mich abweisen.
Ach nein, ich ließ mich nicht abweisen!
Ich bin von Gott und will wieder zu Gott,
Der liebe Gott wird mir ein Lichtchen geben
Wird leuchten mir bis in das ewig selig` Leben.

In sehr einfachen Worten ist hier eine Kosmogonie angesprochen, in der die ganze Schöpfung aus dem Urlicht entstanden ist, und in der **Licht die Spur ist, auf der wir wieder in das Ewige zurückkommen.** Man muß es in die musikalische Sprache von Mahler übersetzt hören, um sich von dem tiefen Gehalt, dem kindlichen Glauben und Vertrauen, die seiner Musik entströmen, ergreifen zu lassen. Wie viel davon ist uns Heutigen schon verlorengegangen! Ich bin davon überzeugt, daß meine liebe Frau während ihres Herzstillstands diesem Urlicht schon von Ferne begegnet ist, und glaube, daß es auch uns einst begleiten wird auf unserem Weg in die Helle, in die Erleuchtung und **an das Ende aller Fragen.** (*Ende des Zitats.)*

Bevor es so weit ist, drängt sich mir noch ein Gedanke auf, der eher eine Antwort ist denn eine Frage. So ein wenig komme ich mir vor, wie der Abiturient Fischer vor 70 Jahren, der getreu den Ratschlägen seiner Lehrer nach einem fulminanten Abschlußgedanken sucht, mit dem aus dem kruden Zeug, das er da so zusammengezimmert hat, doch noch ein brauchbares Gesamtergebnis zustande kommt. Der Gedanke flog mir wie so oft des Nachts zu und ich kann gar nicht mehr sagen, ob ihn mir jemand zugeflüstert hat oder ob er auf eigenem Mist gewachsen ist. Es geht jedenfalls um einen neuen Ansatz für den Blick über den Zaun.

## *Letzter Akt:* Vom Fest.

Es sind vielleicht doch etwas rauhe Töne, die sich da in den letzten Zeilen eingeschlichen haben; der „Mist“ ist aber keine Anregung alla „fishing for compliments“, sondern schon ein recht unangenehmes Unbehagen, das kaum noch unterschwellig genannt werden kann. Sein Anlaß ist, daß mein Blick über den Zaun so gar keine charismatischen Züge trägt, wie es dem in den Blick genommenen Phänomen eigentlich zukäme. Ebene: „braver Soldat Schwejk“. Es fehlt an Esprit, an Phantasie und, ich zögere, das Wort zu gebrauchen: an Kongenialität, das sofort nach der Zensur wegen offenkundiger Blasphemie schreit.

Aber mal anders herum: wenn es denn richtig ist, was die neuen Erkenntnisse über die Struktur der „Welt-phil-harmonie“ besagen, vor allem, welche Rolle uns als einzelne Individuen der Spezies „Homo sapiens“ zukommt, nämlich als Mitgestalter anstatt nur als Beobachter, so muß da ein ganz neues „TEDEUM“ für den Schluß-Chor geschrieben werden, das unserem Aufstieg in eine neue Liga des Universums ein bißchen gerechter wird.

Was meine ich damit?

Wir haben doch alle gelernt, daß es verschiedene Stufen des Daseins gibt: die anorganische, unbelebte Welt, die Welt des Pflanzenreiches und die belebte Schöpfung, das Tierreich mit deren Krönung, wie man damals die Menschheit sah. Darüber, so war wenigstens in Umrissen klar, schwebte ein Reich des reinen Geistes, möglicherweise noch einmal unterteilt in die Reiche der Engel, und dann als oberste „Instanz“ den Schöpfergott. Was, wenn man diese ganze Hierarchie einmal beiseite schiebt, und statt dessen das Ganze der Schöpfung als ungeteilte Einheit betrachtet, alle und alles als Emanationen eines Schöpfungsaktes, dann sind **wir alle Teil eines Ganzen,** Brüder und Schwestern sowieso, aber auch Gottessöhne und –töchter, dann aber ist auch jede Stubenfliege, jede Kröte und jeder Regenwurm ein „Verwandter“. Dann kehren wir nach unserem Tod einfach zurück in den großen Ozean Gott, von dem Willigis Jäger spricht, oder das Meer aller Möglichkeiten, wie es der Biologe Ulrich Warnke nennt, und aus den Atomen, Quarks, Strings und Quanten werden neue Muster und Formen gebildet, vielleicht auch neue Bewußtseins- Ebenen erreicht.

Unglaublich? Ja, unglaublich, aber vielleicht das, was in ein paar hundert oder tausend Jahren die Kinder in der Schule lernen. Es geht hier nicht mehr um Glauben, sondern schlicht um ein „Für-möglich-halten“. Wahrscheinlichkeiten für das Eintreffen dieser Spekulation können verständlicherweise aber nicht angegeben werden!

Übrigens: wenn da jemand gedacht haben sollte: *Alles Spinnerei!* Meinetwegen. Aber die alten Spinner, meistens Spinnerinnen, sind bekanntlich ein ganz wichtiges Element des antiken Dramas, als Nornen auch in der Edda unverzichtbar. (Und auch alte Seebären spinnen mitunter ein vergnügliches Garn!) Ihre Aufgabe? Sie spinnen an dem großen, **weltumfassenden Teppich** endlos weiter, ein Bild, das wir jetzt (hahaha!) ziemlich unerwartet mit der Beschreibung des kosmischen Geschehens bei den Quantenphysikern wiederfinden: „Man kann sich den göttlichen Urgrund wie ein undendlich großes Tuch vorstellen, welches sich weich durch das ganze Universum spannt. Ab und zu wirft es ein paar Falten, die dann als Stein, Baum, Planet oder Mensch in Erscheinung treten. Letztendlich sind all diese Dinge nur Wellen in dem Feld." (Gregg Braden, *Im Einklang mit der göttlichen Matrix,* Seite 51).

Als neues TEDEUM schlage ich einen alten Psalm vor:

*PSALM 126 (Salomon zugeschrieben)*

*Wenn Gott uns heimführt aus den Tagen der Wanderschaft, aus der Dämmerung in sein beglückendes Licht , das wird ein Fest sein!*

*Da wird unser Staunen neu beginnen. Wir werden singen, tanzen und fröhlich sein:*

*Denn er führt uns heim: aus dem Hasten in den Frieden, aus der Armut in die Fülle.*

*Wenn Gott uns heimbringt aus den Tagen der Wanderschaft, das wird ein Fest sein,*

***ein Fest ohne Ende!***

## Fazit

Wozu noch ein Fazit? wirst Du, lieber Freund vielleicht denken, die Sache ist doch eindeutig und alle wesentlichen Fragen sind geklärt, so weit das überhaupt erwartet werden kann.

Nun, ich glaube auch, meine Aufgabe als Grenzgänger entsprechend meinen eigenen Ansprüchen an Wahrheit und Tiefgang so einigermaßen erfüllt zu haben. Allerdings weiß ich sehr wohl, daß der von mir gebotene Blick über den Zaun nicht gerade das Musterbeispiel einer stringenten und logischen Beweisführung ist; ich kann deshalb nur um Nachsicht bitten, ein ziemlich kunterbuntes Potpourri vorgesetzt zu haben ( vermutlich bin ich als Schiffskoch da zu häufig gezwungen gewesen, aus den restlichen Bordvorräten noch etwas zu zaubern, ohne mich nach einem ordentlichen Rezept richten zu können). Auch sehe ich selbst keine Chance, der relativen Dürftigkeit des Ergebnisses einen verschleiernden Mantel umzuhängen. Natürlich könnte man über den Stil meiner Berichterstattung trefflich streiten, das überlasse ich auch gerne Dir, der Du Dich ja einiger Mühe unterzogen hast, meinen Ein- oder besser: Auslassungen zu folgen.

Um so mehr drängt es mich, meine Botschaft in aller Schlichtheit und Kantigkeit noch einmal zu umreißen:

Es ist nichts verloren: unser diesseitiges Leben nimmt mit tödlicher Sicherheit ein Ende, und jedem von uns ist das bewußt, auch wenn wir alle das gerne verdrängen. Neu an diesem Befund ist allenfalls, daß die Qualität unseres irdisches Daseins sich tendenziell so verbessert hat, daß das Festhalten-Wollen am „Status quo“ in der Einschätzung unserer Zukunftsaussichten bei gleichzeitiger Skepsis an dem Vorhandensein (und gegebenenfalls der Qualität) der jenseitigen Optionen sich bei Vielen deutlich verschoben hat. Ein klassischer Fall, der im Sprichwort zu der berühmt-berüchtigten Formulierung von dem Spatz in der Hand und der Taube auf dem Dach geführt hat. Und das ist, ich sage das jetzt zum letzten Mal: allein eine Frage der Sichtweise. Und die können wir ändern, denn Spatz und Taube sind ein reines Produkt unserer Vorstellung! Wirklich wichtig aber ist die Gewißheit, daß es ein Jenseits gibt, daß w i r nicht verloren sind!

Ja, und an der Stelle bist Du dran, lieber Leser und Freund: was machst Du aus Deiner alleinigen Macht, den Dingen eine wunschgemäße Sicht zu verpassen? Konnte ich Dich wenigstens ein kleines bißchen sicherer machen, Deinen Blick über die Grenze mit Freude und Erwartung zu erfüllen? Wie schön wäre es, wenn Dir bei Deinen Gedanken zu diesem Thema „warm ums Herz würde, anstatt mulmig“. Für mich als Autor wäre das ein Grund, mit Papageno in seine wunderbare Arie „ Wär `Seligkeit für mich“ (Zauberflöte) einzustimmen. Vielleicht wird aus dieser Arie ja dann ein Terzett!

Dazu wünsche ich Dir alles Glück dieser Welt!

Manfried Fischer

Bernried, im Februar 2019

## Postskriptum

Fast habe ich es schon erwartet: mein immer noch unbekannter Dramaturg hat wieder einmal – wie immer reichlich spät – Bedenken geäußert. Das heißt: er hat mir ein Buch zukommen lassen, das sich mit meinem Thema beschäftigt, und zwar sehr intensiv. Und jetzt soll ich herausfinden, was sein nicht so einfach zu übergehender Hinweis bedeutet.

Das Buch hat den Titel *„Der heilende Tod"* und den Untertitel *„Sterbevorbereitung durch Deathing"*, kommt aus USA und ist 1989 zum ersten Mal erschienen, im Verlag Dietmar Klotz 1998 auf deutsch; Verfasserin: Anya Foos-Graber. Mit Ausnahme der Autorin, deren Namen mir nichts sagt, schmeckt mir nichts davon und ich wollte das 440 Seiten starke Buch schon weglegen, als ich dann doch noch einmal „anstandshalber" darin zu blättern begann. Dabei stellte sich heraus, daß Frau Foos-Graber, selbst Ärztin, für Amerika eine ähnliche Rolle gespielt hat wie die von mir sehr geschätzte Frau Dr. Elisabeth Kübler-Ross, die wohl weltweit allgemein anerkannte Mentorin der Sterbeforschung. Auch die Einführung in ihr Buch gab aus meiner Sicht keinen Anlaß zu größeren Meinungsverschiedenheiten zu meinen gedanklichen Positionen, und die Tatsache, daß ihr das Thema so bedeutsam erschien, daraus ein weltumspannendes System der Sterbevorbereitung zu entwickeln, schien mir zwar etwas übertrieben, aber eben als typisch amerikanisch tolerabel.

Bei näherem Hinsehen glaube ich nun auch zu entdecken, was mein Dramaturge sich dabei gedacht hat, als er mich auf dieses Buch hinwies: im Gegensatz zu meinem Frontbericht, den ich selbst an manchen Stellen als grenzwertig zum Unseriösen empfinde, nimmt es den gesamten Sterbekomplex „todernst“ als den wichtigsten Schnittpunkt unseres Lebens beiderseits der Grenze zwischen Diesseits und Jenseits. Und deutlicher noch als ich das getan habe, folgert sie daraus, wie wichtig und segensreich es für jeden Menschen ist, diesem größten Abenteuer unseres Leben angstfrei und offen zu begegnen. Auch meine älteste Tochter trat ihr mental zur Seite, in dem sie mich erinnerte, wie sehr sie eben dieses mein Statement vor langer Zeit berührt und bewegt habe, daß mir das größte Abenteuer meines Lebens ja erst an seinem Ende noch bevorstünde. Das war dann letztlich der Kick, der mich bewogen hat, in diesem Postskriptum noch einen Hinweis auf dieses Buch zu übernehmen für Leser, die sich angesprochen fühlen.

M.F.

## Anhang

Letzte Worte eines Großvaters an seinen Enkel

*Lieber Markus,*
*- Du bist von uns gegangen, bevor Du noch die ersten Worte sprechen konntest; jetzt sind wir es, die die Sprache verloren haben, und auch die Stimme droht, ihren Dienst zu versagen.*
*- Du bist 9 Monate unter dem Herzen Deiner Mutter herangewachsen, und dann bist Du uns allen als Baby und als kleine, sich entfaltende Persönlichkeit so ans Herz gewachsen, daß auch unser Herz jetzt, wo das Deine zu schlagen aufgehört hat, dem Brechen nahe ist.*
*- Du hast gerade angefangen, auf Deinen eigenen Beinen zu stehen; und nun sind wir es, die wie die Kinder da stehen, denen man ein Geschenk weggenommen hat: unsagbar traurig, und wohl auch zornig auf den, der das getan hat.*
*- Du hast noch nicht das Alter erreicht, uns Fragen zu stellen, uns vielleicht sogar mit pausenlosen Fragen zu nerven; vielleicht wäre uns auch manchmal die Antwort auf eine Deiner Fragen nicht leicht gefallen; nun sind wir es, die wie Kinder Fragen stellen, die Fragen nach dem „Warum“, auf die uns niemand eine Antwort gibt.*
*- Du hast gerade angefangen, Deine Umwelt zu erfassen, alles neugierig in Dich aufzunehmen, die*

*ersten Schritte zu einem bewußten Leben zu gehen, und wir glaubten Dir in allem weit voraus zu sein; und nun ist das plötzlich umgekehrt: Du bist uns einen riesigen Schritt voraus, Du weißt, was hinter der Tür ist, die wir Tod nennen und vor der wir uns fürchten – diese menschliche Ur-angst ist Dir erspart geblieben.*

*- Du hast mich vor neun Monaten zum Großvater gemacht, zu einem stolzen und glücklichen Großvater; Du warst mein kleiner Markussi-Bär und auch schon mein kleiner Matrose; und ich habe mich schon sehr darauf gefreut, mit Dir über den Starnberger-See zu schippern, Dir das Segeln bei zu bringen und vielleicht das Fischen, in vielem Dein Lehrer sein zu können; und jetzt hast Du mich vor eine der schwersten Aufgaben meines Lebens gestellt: Dir ein Adieu, eine Lebewohl zu sagen.*

*- Du hast in Deinem kurzen Leben nur seine guten Seiten kennengelernt und Du hast viel, viel Liebe erfahren; das Böse, vom dem die Welt so voll ist, hat Dich noch nicht erreicht; und Du hast uns alle mit Deinem fröhlichen Lachen beschenkt.*

*- Früher hätte ich meine Hand dafür ins Feuer gelegt, daß so ein unschuldiges Kind bei seinem Tod sofort in ein Englein verwandelt wird; doch zwischendrin habe ich mit dieser Zuversicht und überhaupt mit Engeln so einige Schwierigkeiten bekommen;*

*aber jetzt fällt es mir plötzlich gar nicht mehr schwer, mir vorzustellen, daß Du als kleiner Engel irgendwo unter dem Flügel eines großen Engels hervor lugst und sogar Deinen Großvater ein bißchen auslachst, der sich da so mühsam mit den Fragen abquält, deren Antworten Du schon kennst.*

*- Vielleicht hast Du mir ja gestern abend selbst das Bild gezeigt, das ich so liebe: ich sah die helle Sonne auf das blaue Meer scheinen und – wie als gleichnishafte Antwort auf meine Fragen – sah ich das Wasser als Dampf zum Himmel aufsteigen, nicht verloren, nur in einen andren Zustand verwandelt, erhalten im ewigen Kreislauf der Natur.*

*- Aber neben dieser vagen Ahnung und Hoffnung gibt es noch etwas ganz Handfestes, was uns Dein Tod lehrt:*

*daß nichts, was wir besitzen, selbstverständlich ist, daß alles nur eine Leihgabe ist, auf die wir kein Besitzrecht haben, für das wir nur dankbar sein können.*

*- Und noch eine andere Lektion können wir lernen, auch wenn es uns schwerfällt:*

*daß all unser Wissen und Können – und das gilt in besonderem Maß auch für die ärztliche Kunst – nur allzu beschränkt ist und auch immer bleiben wird. Wir sind nicht die Herren einer uns dienstbaren Natur, sondern wir sind nur ein winziger Bestandteil des „Großen Ganzen“, für das Gott und Natur nur zwei verschiedene Worte sind.*

*- Was also bleibt?*
*- einmal der Dank; daß Du uns für eine Zeit lang geschenkt warst,*
*- und zum anderen die wunderbare, ungetrübte Erinnerung an Dein fröhliches, sonniges Wesen.*
*Danke also, lieber Markus, a Dieu und Lebewohl!*

*5.6.1992*

## Abschied Gerlinde am 17.9.2018

Liebe Freunde von Gerlinde!

Wir sind hier jetzt wohl an der letzten Station unseres Abschiedswegs mit Gerlinde. Ich darf mich kurz vorstellen, ich bin Manfried Fischer, seit gut fünfzig Jahren mit Gerlinde befreundet und über dreißig Jahre ihr Skipper bei vielen gemeinsamen Segeltörns im Mittelmeer und in der Karibik, und von da her beziehe ich auch meine Legitimation, sie nach alter Seemannstradition von Bord zu geleiten.

Liebe Gerlinde, ich bin recht sicher, daß Du in irgendeiner Weise noch unter uns bist und dem letzten Akt Deiner irdischen Reise beiwohnst, ich grüße Dich herzlich und hoffe, daß Du mit dem einverstanden bist, was wir, Deine Freunde Dir noch mit auf den Weg gegeben haben. Ich, als Dein Skipper, möchte noch ein paar letzte Worte hinzufügen.

Wir, damit meine ich jetzt Dich und mich, sind viele Tage und Wochen miteinander gesegelt, manchmal war es hart und dramatisch, immer aber sind unsere Törns gut ausgegangen und immer brachten sie viele schöne gemeinsame Erlebnisse mit sich. Davon will ich ein paar wenige Episoden herausgreifen, in denen ein ganz typisches Stück Gerlinde zum Ausdruck kommt. Wie du mich kennst, geht es aber nicht nur um ein paar nette oder auch aufregende Storries, es geht auch um den Zusammenhang von Leben und Tod und es geht auch um die offene Tür, von der Heinz Piontek in dem Gedicht in Deiner Todesanzeige spricht. Und, das ist mir ganz wichtig, es geht mir vor allem darum, Deinem so dramatisch erscheinenden Tod eine akzeptable Deutung zu geben, einen versöhnlichen Abschluß Deines insgesamt ja so gut gelungenen Lebens.

Den Freunden, die von Deinen seglerischen Abenteuern nicht so viel wissen, muß erst einmal gesagt sein, wie und wo sie sich abgespielt haben. Wir, damit sind jetzt die Fischers gemeint, hatten das Glück, ein Grundstück mit Seeufer am Wörthsee zu besitzen, das im Sommer gern und zahlreich von einer immer mehr anwachsenden Zahl von Freunden zum Baden aufgesucht wurde. Es war die Zeit der Blumenkinder, mit denen sich vor allem Freund Eberhard Sander gern schmückte, mit denen Du eines schönen Tages sozusagen angeschwemmt wurdest und nach erfolgreicher Prüfung einen Stammplatz erhieltest: Dein Charme hatte die Freunde und vor allem die Hausherren im Nu erobert. Deine immer wache Neugier auf alles Neue entwickelte sich zu einer besonderen Affinität zum Wasser und speziell zum Segeln, so daß Du etwas später schon beim Überführungstörn entlang der Riviera nach Port Camargue angeheuert hast. Und was Du einmal in Händen hieltest, hast Du nicht so leicht wieder hergegeben, so daß daraus im Lauf der Jahre etwa 12 bis 15 Reisen im westlichen und östlichen Mittelmeer zusammenkamen, bei denen

Du eine immer angenehme Kameradin an Bord warst; Du hattest zwar keine Segelerfahrung oder gar ein Patent, aber Du warst patent genug, um deinen Mann bzw. Deine Frau an Bord zu stellen. Im Laufe der Zeit gelang es Dir, sogar aus dem Schatten von Eberhard als Fotografen heraus zu treten und eine eigene fotografische Karriere aufzubauen.

Allerdings hast Du Dich mehr als einmal in Todesgefahr durch Ertrinken begeben. Das war einmal bei einem Einbruch im Eis des Wörthsees, dann einmal im Bodensee an der Schleppleine von unserem Schiff Tom Dooly zwei und zweimal beim Schwimmen im Mittelmeer. Unter den Bildern, die ich von Dir in mir trage, sind mehrere, in denen Dein Gesicht deutliche Zeichen von Panik aufweist, doch hat Dich das nicht abgeschreckt und Du konntest die Traumata des Erlebten wieder abschütteln; die Schönheit des für unser Leben ja eindeutig entscheidenden Elements Wasser war für Dich letztlich der stärkere Impuls.

Ein besonders eindrucksvolles Beispiel für Deine starke Naturliebe zeigt sich in folgender kleinen Geschichte:

Es war auf der Rückfahrt von Sardinien zu den Balearen. Wir waren wegen eines Motorschadens schon reichlich verspätet, mußten trotz mehrtägigen stürmischen Wetters also unbedingt auslaufen und erlebten eine Sturmnacht, wie ich sie selbst auch noch nicht erlebt hatte: etwa sechs Meter hohe, brechende Wellen, grünes fliegendes Wasser, jagende, vom Vollmond beschienene Wolkenfetzen, dazu Segelriß und Erhitzung des mitlaufenden Motors. Erst gegen Morgen beruhigte sich die Szenerie und ich konnte die Mannschaft zum Schlafen in die Kojen schicken. Gerlinde kam gleich darauf wieder an Deck und verkündete, daß sie einen kleinen Singvogel als Gast in ihrem Schlafsack vorgefunden habe. Sie legte sich deshalb auf den Boden vor ihrer Koje und fiel augenblicklich in tiefen Schlaf, aber sie strahlte vor Glück über das ganze Gesicht. Bei Sonnenaufgang schlüpfte das Vögelchen aus der warmen Hülle und flog davon. Wir hatten Probleme, die Radio-Signale von Menorca zu empfangen und waren froh, dem Vogel folgen zu können, denn der wußte ja mit Sicherheit, wo er am schnellsten auf Land treffen würde. Heute denke ich in Erinnerung an diese Episode an Eichendorffs Zeilen: und meine Seele spannte weit ihre Flügel aus, flog durch die stillen Lande als flöge sie nach Haus. Ich meine, ein tröstlicheres Bild für Gerlindes Seele kann es eigentlich nicht geben. Und es ist auch das schönste Geschenk, was mir Gerlinde hinterlassen hat: die Vorstellung, nein, die Gewißheit, daß unsere Seele ein Zuhause hat, wo wir geborgen sind, wenn der Tod ans Fenster klopft

Dazu paßt vielleicht das Entzücken, das Gerlinde voll und ganz ausfüllte, als sie unter Leitung von

Ulfs kundiger Hand in der Karibik die Wunder der Unterwasserwelt kennenlernen durfte. Ich kann mir ganz gut vorstellen, daß sie darin eine Form des Paradieses sah und diese Bilder in sich aufsog.

Liebe Freunde!

Manche von Euch wissen, daß meine Frau fast genau am gleichen Tag gestorben ist wie Gerlinde, aber ein Jahr zuvor Mein Buch, ein Nachruf auf meine Frau, ist gerade am Todestag von Gerlinde erschienen. Darin habe ich erwähnt, daß meine Marianne 50 Jahre vor ihrem zweiten Tod schon einmal auf der anderen Seite der schmalen Tür zum Jenseits gewesen ist und berichtet hat, daß sie große Lust gehabt hätte, dem Weg ins helle, warme Licht weiter zu folgen, sich letztendlich aber dazu durchgerungen habe, der inneren Stimme zu folgen, die sie ermahnte, zu ihrer Aufgabe zurück zu kehren und sich um ihre vier unversorgten Kinder zu kümmern. Da ich mich mit dem Thema Nahtoderfahrungen inzwischen viel beschäftigt habe, weiß ich von ähnlichen Fällen, daß es offenbar für die Betroffenen eine Möglichkeit gibt, auf die Frage „Weiterleben oder nicht“ Einfluß zu nehmen. Bei vorsichtiger Abwägung der konkreten Situation von Gerlinde fällt es mir nicht schwer, mir vorzustellen, daß Gerlinde - vielleicht sogar ohne Zögern - diesen unbekannten Weg ins Licht der sich bietenden Alternative vorgezogen hat.

Die große Naturliebe Gerlindes, von der ich gerade sprach, schloß übrigens eine ebenso große Menschenliebe ein. Überall, wo sie hinkam, machte sie sich schnell Freunde, und ihre Freundschaften pflegte sie ihr Leben lang. Das ist ja heute auch an der großen Zahl der Anwesenden erkennbar. Und daß diese Freundschaften selbstlos und bis in den Tod treu waren, können viele hier bezeugen.

Ich fand dazu einen passenden Ausspruch von Hazrat Inayat Khan:

*Wer so losgelöst sein kann, daß er alle, in deren Mitte er lebt, mit offenen Augen betrachtet, und sieht, auf welche Weise er ihnen helfen kann, der wird gesegnet und erbt das Reich Gottes.*

Noch eine letzte Episode vom Segeln möchte ich erzählen. Es war auf einem unserer letzten Törns im ionischen Meer, als wir mit unserem Beiboot ein Stück weit ins Land hinein fuhren auf einem kleinen Flüßchen mit Namen Acheron. Acheron, war das nicht der Todesfluß der griechischen Mythen, auf dem der mürrische Fährmann Charon die Verstorbenen zum Eingang in die Unterwelt ruderte? Das Flüßchen war entzückend, von hohen Büschen überdacht wie mit einem golddurchwirkten Teppich, und behängt mit zahlreichen Beutelnestern von Eisvögeln, die ja die Paradiesvögel aller Segler sind. Von Hades und Zeichen seiner Höllenherrschaft war jedenfalls weit und breit nichts zu sehen. Wir und speziell Gerlinde hatten unsere helle Freude an dem märchenhaften Erlebnis und keiner dachte im entferntesten an die Möglichkeit, daß mir das Leben einmal die Rolle dieses Fährmanns für Gerlinde aufdrängen würde.

Zum Abschluß dieses kleinen Abschiedstörns für Gerlinde möchte ich – für uns alle – einen Text von Willigis Jäger „Wo gingen die Menschen hin" vorlesen, der von der Welle und ihrer Beziehung zum Meer handelt.

Wo gingen die Menschen hin, als sie starben? Wo gehen die Wellen hin, wenn sie in den Ozean zurückkehren? Sie kehren zurück in den „Ozean Gott". Unser Ich hat vor diesem Zurückkehren Angst, aber wir gehen in eine umfassendere Erfahrung. Unsere wahre Identität ist das Weltmeer, nicht die Welle. Ob und wie die Welle weiterlebt, wenn sie in den „Ozean Gott" zurückkehrt, wissen wir nicht. Wir gehen in eine neue Seinsweise, sagt uns die Auferstehung Jesu. Etwas viel Gewaltigeres erwartet uns nach dem Tod. Wir können uns dieses Neue mit unserem begrenzten Ich nicht vorstellen. Es ist eine Geburt in ein größeres Leben, in eine Fülle, von der wir keine Ahnung haben können, weil unsere Ratio zu eng ist, Es öffnet sich ein Tor, wenn wir sterben, es schließt sich nicht ein Tor. Nur in dieser Zielvorstellung macht das Leben Sinn. Eines Tages, wenn wir ein tieferes Verständnis erlangt haben, werden wir unseren Tod feiern, wie wir unsere Geburt feiern.

Ich danke Dir, Gerlinde, für Deine stets liebevolle Begleitung, und ich danke allen Deinen Freunden für ihre Teilnahme an dieser schönen Abschiedsfeier.

In diesem Sinn ein herzliches FAREWELL und ADIEU!!

## Grabzeichen Fischer, Friedhof Bernried

Zum Verständnis:

Bei der Gestaltung des Grabmals hatte ich eine doppelte Zielsetzung im Kopf:

Erstens die Verbindung zu der hier begrabenen Person, also den Versuch, in dem „Denkmal" eine Erinnerung an etwas Wesentliches, was sie ganz persönlich kennzeichnete, herzustellen. Zweitens eine Botschaft auszusenden, die etwas darüber aussagt, wie dieses individuelle Leben im Gefüge des Gesamtkosmos, also in der göttlichen Schöpfung, eingebettet ist.

Die erste Zielsetzung soll durch den **Opalstein in Form eines aufgebrochenen Herzens** erreicht werden. Er ist ein Auswurf des Vulkans *Teide* in Teneriffa, wo er in dessen Caldera gefunden wurde. Ich habe ihn dort in einem Schmuckladen gefunden und erworben als Geschenk für meine Frau und ihn ihr überreicht mit dem von Bruce Marschall entlehnten Titel seines Buches **„Alle Herrlichkeit ist innerlich"**, im Sinn: der Verlust äußerlicher Schönheit wird aufgewogen von der Schönheit im geöffneten Herzen, als Symbol überströmender Liebe. Und ich bin mir sicher, daß meine Frau ihr Leben nach ihrer Behinderung auch so verstanden hat. Der Opal wurde übrigens auch schon in der Antike als Schmuckstein und Symbol der Liebe gesehen.

Die zweite Zielsetzung **„Botschaft“** sehe ich erfüllt in der **Einbettung des individuellen Lebens in die umgebende Schöpfung, in der das einzelne Leben sich entfalten soll**. So wie ein Stein, der ins Wasser geworfen wird, Kreise zieht, Verbindungen eingeht, Schwingungen aussendet und in Resonanz geht. Gemeint ist damit die Erkenntnis der Quantenphysik, daß der Mensch im Geflecht der Schöpfung nicht nur Beobachter, sondern Mitwirkender ist als ein Teil des Ganzen.

Die verbindenden Kreise symbolisieren das kosmische Geflecht, etwa im biblischen Bild vom Wehen des Geistes Gottes über dem Urozean (Genesis 1). Hervorgehoben ist die goldunterlegte Lemniskate, die liegende Acht als das Zeichen der Ewigkeit, Aussage: **Das Leben und die Liebe enden nie/ Ewiges Leben.**

Manfried Fischer, Bernried, 24.6.2018

(Erläuterung zur Sitzung des Gemeinerats Bernried. Die Genehmigung wurde nicht erteilt mit der Begründung, daß das geplante Grabzeichen nicht in die Friedhofs-Umgebung passe. Deshalb steht der „spirituelle Überbau“ des Monuments jetzt im Garten, Hapberger Weg 3.)

*Von Manfried Fischer sind beim Rediroma-Verlag erschienen:*

**"Den Wind in der Hand", mein Leben unter Segeln**
**ISBN 978-3-86870-346-7**

**Laurentiustränen**
**ISBN 978-3-86870-444-0**

**Glück und Glas**
**ISBN 978-3-86870-540-9**

**Leben im 20sten Jahrhundert**
**ISBN 978-3-86870-789-2**